CARTA ENCÍCLICA

FRATELLI TUTTI

DEL SANTO PADRE

FRANCISCO

SOBRE LA FRATERNIDAD

Y LA AMISTAD SOCIAL

LIBRERIA
EDITRICE
VATICANA

© Copyright 2020 - Libreria Editrice Vaticana
00120 Città del Vaticano
Tel. 06.698.45780 - Fax 06.698.84716
E-mail: commerciale.lev@spc.va

ISBN 978-88-266-0550-0

www.vatican.va
www.libreriaeditricevaticana.va

1. «Fratelli tutti»,[1] escribía san Francisco de Asís para dirigirse a todos los hermanos y las hermanas, y proponerles una forma de vida con sabor a Evangelio. De esos consejos quiero destacar uno donde invita a un amor que va más allá de las barreras de la geografía y del espacio. Allí declara feliz a quien ame al otro «tanto a su hermano cuando está lejos de él como cuando está junto a él».[2] Con estas pocas y sencillas palabras expresó lo esencial de una fraternidad abierta, que permite reconocer, valorar y amar a cada persona más allá de la cercanía física, más allá del lugar del universo donde haya nacido o donde habite.

2. Este santo del amor fraterno, de la sencillez y de la alegría, que me inspiró a escribir la encíclica *Laudato si'*, vuelve a motivarme para dedicar esta nueva encíclica a la fraternidad y a la amistad social. Porque san Francisco, que se sentía hermano del sol, del mar y del viento, se sabía todavía más unido a los que eran de su propia carne. Sembró paz por todas partes y caminó cerca de los pobres, de los abandonados, de los enfermos, de los descartados, de los últimos.

---

[1] *Admoniciones*, 6, 1: *Fonti Francescane* (FF) 155; cf. *Escritos. Biografías. Documentos de la época*, ed. BAC, Madrid 2011, 94.
[2] *Ibíd.*, 25: FF 175; cf. *ibíd.*, p. 99.

3. Hay un episodio de su vida que nos muestra su corazón sin confines, capaz de ir más allá de las distancias de procedencia, nacionalidad, color o religión. Es su visita al Sultán Malik-el-Kamil, en Egipto, que significó para él un gran esfuerzo debido a su pobreza, a los pocos recursos que tenía, a la distancia y a las diferencias de idioma, cultura y religión. Este viaje, en aquel momento histórico marcado por las cruzadas, mostraba aún más la grandeza del amor tan amplio que quería vivir, deseoso de abrazar a todos. La fidelidad a su Señor era proporcional a su amor a los hermanos y a las hermanas. Sin desconocer las dificultades y peligros, san Francisco fue al encuentro del Sultán con la misma actitud que pedía a sus discípulos: que sin negar su identidad, cuando fueran «entre sarracenos y otros infieles [...] no promuevan disputas ni controversias, sino que estén sometidos a toda humana criatura por Dios».[3] En aquel contexto era un pedido extraordinario. Nos impresiona que ochocientos años atrás Francisco invitara a evitar toda forma de agresión o contienda y también a vivir un humilde y fraterno "sometimiento", incluso ante quienes no compartían su fe.

---

[3] S. Francisco de Asís, *Regla no bulada de los hermanos menores*, 16, 3.6: *FF* 42-43; cf. *ibíd.*, 120.

4. Él no hacía la guerra dialéctica imponiendo doctrinas, sino que comunicaba el amor de Dios. Había entendido que «Dios es amor, y el que permanece en el amor permanece en Dios» (*1 Jn* 4,16). De ese modo fue un padre fecundo que despertó el sueño de una sociedad fraterna, porque «sólo el hombre que acepta acercarse a otros seres en su movimiento propio, no para retenerlos en el suyo, sino para ayudarles a ser más ellos mismos, se hace realmente padre».[4] En aquel mundo plagado de torreones de vigilancia y de murallas protectoras, las ciudades vivían guerras sangrientas entre familias poderosas, al mismo tiempo que crecían las zonas miserables de las periferias excluidas. Allí Francisco acogió la verdadera paz en su interior, se liberó de todo deseo de dominio sobre los demás, se hizo uno de los últimos y buscó vivir en armonía con todos. Él ha motivado estas páginas.

5. Las cuestiones relacionadas con la fraternidad y la amistad social han estado siempre entre mis preocupaciones. Durante los últimos años me he referido a ellas reiteradas veces y en diversos lugares. Quise recoger en esta encíclica muchas de esas intervenciones situándolas en un contexto más amplio de reflexión. Además, si en la redacción de la *Laudato si'* tuve una fuente de inspiración en mi hermano Bartolomé, el Patriarca ortodoxo que propuso con mucha fuerza

---

[4] ELOI LECLERC, O.F.M., *Exilio y ternura*, ed. Marova, Madrid 1987, 205.

el cuidado de la creación, en este caso me sentí especialmente estimulado por el Gran Imán Ahmad Al-Tayyeb, con quien me encontré en Abu Dabi para recordar que Dios «ha creado todos los seres humanos iguales en los derechos, en los deberes y en la dignidad, y los ha llamado a convivir como hermanos entre ellos».[5] No se trató de un mero acto diplomático sino de una reflexión hecha en diálogo y de un compromiso conjunto. Esta encíclica recoge y desarrolla grandes temas planteados en aquel documento que firmamos juntos. También acogí aquí, con mi propio lenguaje, numerosas cartas y documentos con reflexiones que recibí de tantas personas y grupos de todo el mundo.

6.   Las siguientes páginas no pretenden resumir la doctrina sobre el amor fraterno, sino detenerse en su dimensión universal, en su apertura a todos. Entrego esta encíclica social como un humilde aporte a la reflexión para que, frente a diversas y actuales formas de eliminar o de ignorar a otros, seamos capaces de reaccionar con un nuevo sueño de fraternidad y de amistad social que no se quede en las palabras. Si bien la escribí desde mis convicciones cristianas, que me alientan y me nutren, he procurado hacerlo de tal manera que la reflexión se abra al diálogo con todas las personas de buena voluntad.

---

[5] *Documento sobre la fraternidad humana por la paz mundial y la convivencia común*, Abu Dabi (4 febrero 2019): *L'Osservatore Romano*, ed. semanal en lengua española (8 febrero 2019), p. 6.

7. Asimismo, cuando estaba redactando esta carta, irrumpió de manera inesperada la pandemia de Covid-19 que dejó al descubierto nuestras falsas seguridades. Más allá de las diversas respuestas que dieron los distintos países, se evidenció la incapacidad de actuar conjuntamente. A pesar de estar hiperconectados, existía una fragmentación que volvía más difícil resolver los problemas que nos afectan a todos. Si alguien cree que sólo se trataba de hacer funcionar mejor lo que ya hacíamos, o que el único mensaje es que debemos mejorar los sistemas y las reglas ya existentes, está negando la realidad.

8. Anhelo que en esta época que nos toca vivir, reconociendo la dignidad de cada persona humana, podamos hacer renacer entre todos un deseo mundial de hermandad. Entre todos: «He ahí un hermoso secreto para soñar y hacer de nuestra vida una hermosa aventura. Nadie puede pelear la vida aisladamente. […] Se necesita una comunidad que nos sostenga, que nos ayude y en la que nos ayudemos unos a otros a mirar hacia delante. ¡Qué importante es soñar juntos! […] Solos se corre el riesgo de tener espejismos, en los que ves lo que no hay; los sueños se construyen juntos».[6] Soñemos como una única humanidad, como caminantes de la misma carne humana, como hijos de esta misma tierra que nos cobija a todos, cada uno con la riqueza de su fe o de sus convicciones, cada uno con su propia voz, todos hermanos.

---

[6] *Discurso en el encuentro ecuménico e interreligioso con los jóvenes*, Skopie – Macedonia del Norte (7 mayo 2019): *L'Osservatore Romano*, ed. semanal en lengua española (10 mayo 2019), p. 13.

Capítulo primero

LAS SOMBRAS DE UN MUNDO CERRADO

9.   Sin pretender realizar un análisis exhaustivo ni poner en consideración todos los aspectos de la realidad que vivimos, propongo sólo estar atentos ante algunas tendencias del mundo actual que desfavorecen el desarrollo de la fraternidad universal.

Sueños que se rompen en pedazos

10.   Durante décadas parecía que el mundo había aprendido de tantas guerras y fracasos y se dirigía lentamente hacia diversas formas de integración. Por ejemplo, avanzó el sueño de una Europa unida, capaz de reconocer raíces comunes y de alegrarse con la diversidad que la habita. Recordemos «la firme convicción de los Padres fundadores de la Unión Europea, los cuales deseaban un futuro basado en la capacidad de trabajar juntos para superar las divisiones, favoreciendo la paz y la comunión entre todos los pueblos del continente».[7] También tomó fuerza el anhelo de una integración latinoamericana y

---

[7] *Discurso al Parlamento europeo*, Estrasburgo (25 noviembre 2014): *AAS* 106 (2014), 996; *L'Osservatore Romano*, ed. semanal en lengua española (28 noviembre 2014), p. 3.

comenzaron a darse algunos pasos. En otros países y regiones hubo intentos de pacificación y acercamientos que lograron frutos y otros que parecían promisorios.

11. Pero la historia da muestras de estar volviendo atrás. Se encienden conflictos anacrónicos que se consideraban superados, resurgen nacionalismos cerrados, exasperados, resentidos y agresivos. En varios países una idea de la unidad del pueblo y de la nación, penetrada por diversas ideologías, crea nuevas formas de egoísmo y de pérdida del sentido social enmascaradas bajo una supuesta defensa de los intereses nacionales. Lo que nos recuerda que «cada generación ha de hacer suyas las luchas y los logros de las generaciones pasadas y llevarlas a metas más altas aún. Es el camino. El bien, como también el amor, la justicia y la solidaridad, no se alcanzan de una vez para siempre; han de ser conquistados cada día. No es posible conformarse con lo que ya se ha conseguido en el pasado e instalarse, y disfrutarlo como si esa situación nos llevara a desconocer que todavía muchos hermanos nuestros sufren situaciones de injusticia que nos reclaman a todos».[8]

12. "Abrirse al mundo" es una expresión que hoy ha sido cooptada por la economía y las finanzas. Se refiere exclusivamente a la apertura a los intereses extranjeros o a la libertad de los

---

[8] *Encuentro con las autoridades, la sociedad civil y el Cuerpo diplomático*, Santiago – Chile (16 enero 2018): *AAS* 110 (2018), 256.

poderes económicos para invertir sin trabas ni complicaciones en todos los países. Los conflictos locales y el desinterés por el bien común son instrumentalizados por la economía global para imponer un modelo cultural único. Esta cultura unifica al mundo pero divide a las personas y a las naciones, porque «la sociedad cada vez más globalizada nos hace más cercanos, pero no más hermanos».[9] Estamos más solos que nunca en este mundo masificado que hace prevalecer los intereses individuales y debilita la dimensión comunitaria de la existencia. Hay más bien mercados, donde las personas cumplen roles de consumidores o de espectadores. El avance de este globalismo favorece normalmente la identidad de los más fuertes que se protegen a sí mismos, pero procura licuar las identidades de las regiones más débiles y pobres, haciéndolas más vulnerables y dependientes. De este modo la política se vuelve cada vez más frágil frente a los poderes económicos transnacionales que aplican el "divide y reinarás".

El fin de la conciencia histórica

13.   Por eso mismo se alienta también una pérdida del sentido de la historia que disgrega todavía más. Se advierte la penetración cultural de una especie de "deconstruccionismo", donde la libertad humana pretende construirlo todo des-

---

[9] Benedicto XVI, Carta enc. *Caritas in veritate* (29 junio 2009), 19: *AAS* 101 (2009), 655.

de cero. Deja en pie únicamente la necesidad de consumir sin límites y la acentuación de muchas formas de individualismo sin contenidos. En esta línea se situaba un consejo que di a los jóvenes: «Si una persona les hace una propuesta y les dice que ignoren la historia, que no recojan la experiencia de los mayores, que desprecien todo lo pasado y que sólo miren el futuro que ella les ofrece, ¿no es una forma fácil de atraparlos con su propuesta para que solamente hagan lo que ella les dice? Esa persona los necesita vacíos, desarraigados, desconfiados de todo, para que sólo confíen en sus promesas y se sometan a sus planes. Así funcionan las ideologías de distintos colores, que destruyen —o de-construyen— todo lo que sea diferente y de ese modo pueden reinar sin oposiciones. Para esto necesitan jóvenes que desprecien la historia, que rechacen la riqueza espiritual y humana que se fue transmitiendo a lo largo de las generaciones, que ignoren todo lo que los ha precedido».[10]

14. Son las nuevas formas de colonización cultural. No nos olvidemos que «los pueblos que enajenan su tradición, y por manía imitativa, violencia impositiva, imperdonable negligencia o apatía, toleran que se les arrebate el alma, pierden, junto con su fisonomía espiritual, su consistencia moral y, finalmente, su independencia ideológica, económica y política».[11] Un modo eficaz de licuar

[10] Exhort. ap. postsin. *Christus vivit* (25 marzo 2019), 181.
[11] CARD. RAÚL SILVA HENRÍQUEZ, S.D.B., *Homilía en el Tedeum en Santiago de Chile* (18 septiembre 1974).

la conciencia histórica, el pensamiento crítico, la lucha por la justicia y los caminos de integración es vaciar de sentido o manipular las grandes palabras. ¿Qué significan hoy algunas expresiones como democracia, libertad, justicia, unidad? Han sido manoseadas y desfiguradas para utilizarlas como instrumento de dominación, como títulos vacíos de contenido que pueden servir para justificar cualquier acción.

Sin un proyecto para todos

15.   La mejor manera de dominar y de avanzar sin límites es sembrar la desesperanza y suscitar la desconfianza constante, aun disfrazada detrás de la defensa de algunos valores. Hoy en muchos países se utiliza el mecanismo político de exasperar, exacerbar y polarizar. Por diversos caminos se niega a otros el derecho a existir y a opinar, y para ello se acude a la estrategia de ridiculizarlos, sospechar de ellos, cercarlos. No se recoge su parte de verdad, sus valores, y de este modo la sociedad se empobrece y se reduce a la prepotencia del más fuerte. La política ya no es así una discusión sana sobre proyectos a largo plazo para el desarrollo de todos y el bien común, sino sólo recetas inmediatistas de *marketing* que encuentran en la destrucción del otro el recurso más eficaz. En este juego mezquino de las descalificaciones, el debate es manipulado hacia el estado permanente de cuestionamiento y confrontación.

16.   En esta pugna de intereses que nos enfrenta a todos contra todos, donde vencer pasa a ser sinónimo de destruir, ¿cómo es posible levantar la cabeza para reconocer al vecino o para ponerse al lado del que está caído en el camino? Un proyecto con grandes objetivos para el desarrollo de toda la humanidad hoy suena a delirio. Aumentan las distancias entre nosotros, y la marcha dura y lenta hacia un mundo unido y más justo sufre un nuevo y drástico retroceso.

17.   Cuidar el mundo que nos rodea y contiene es cuidarnos a nosotros mismos. Pero necesitamos constituirnos en un "nosotros" que habita la casa común. Ese cuidado no interesa a los poderes económicos que necesitan un rédito rápido. Frecuentemente las voces que se levantan para la defensa del medio ambiente son acalladas o ridiculizadas, disfrazando de racionalidad lo que son sólo intereses particulares. En esta cultura que estamos gestando, vacía, inmediatista y sin un proyecto común, «es previsible que, ante el agotamiento de algunos recursos, se vaya creando un escenario favorable para nuevas guerras, disfrazadas detrás de nobles reivindicaciones».[12]

El descarte mundial

18.   Partes de la humanidad parecen sacrificables en beneficio de una selección que favorece

---

[12] Carta enc. *Laudato si'* (24 mayo 2015), 57: *AAS* 107 (2015), 869.

a un sector humano digno de vivir sin límites. En el fondo «no se considera ya a las personas como un valor primario que hay que respetar y amparar, especialmente si son pobres o discapacitadas, si "todavía no son útiles" —como los no nacidos—, o si "ya no sirven" —como los ancianos—. Nos hemos hecho insensibles a cualquier forma de despilfarro, comenzando por el de los alimentos, que es uno de los más vergonzosos».[13]

19.   La falta de hijos, que provoca un envejecimiento de las poblaciones, junto con el abandono de los ancianos a una dolorosa soledad, es un modo sutil de expresar que todo termina con nosotros, que sólo cuentan nuestros intereses individuales. Así, «objeto de descarte no es sólo el alimento o los bienes superfluos, sino con frecuencia los mismos seres humanos».[14] Vimos lo que sucedió con las personas mayores en algunos lugares del mundo a causa del coronavirus. No tenían que morir así. Pero en realidad algo semejante ya había ocurrido a causa de olas de calor y en otras circunstancias: cruelmente descartados. No advertimos que aislar a los ancianos y abandonarlos a cargo de otros sin un adecuado y cercano acompañamiento de la familia, mutila y empobrece a la misma familia. Además, termina

[13] *Discurso al Cuerpo diplomático acreditado ante la Santa Sede* (11 enero 2016): *AAS* 108 (2016), 120; *L'Osservatore Romano*, ed. semanal en lengua española (15 enero 2016), p. 7.
[14] *Discurso al Cuerpo diplomático acreditado ante la Santa Sede* (13 enero 2014): *AAS* 106 (2014), 83-84; *L'Osservatore Romano*, ed. semanal en lengua española (17 enero 2014), p. 7.

privando a los jóvenes de ese necesario contacto con sus raíces y con una sabiduría que la juventud por sí sola no puede alcanzar.

20. Este descarte se expresa de múltiples maneras, como en la obsesión por reducir los costos laborales, que no advierte las graves consecuencias que esto ocasiona, porque el desempleo que se produce tiene como efecto directo expandir las fronteras de la pobreza.[15] El descarte, además, asume formas miserables que creíamos superadas, como el racismo, que se esconde y reaparece una y otra vez. Las expresiones de racismo vuelven a avergonzarnos demostrando así que los supuestos avances de la sociedad no son tan reales ni están asegurados para siempre.

21. Hay reglas económicas que resultaron eficaces para el crecimiento, pero no así para el desarrollo humano integral.[16] Aumentó la riqueza, pero con inequidad, y así lo que ocurre es que «nacen nuevas pobrezas».[17] Cuando dicen que el mundo moderno redujo la pobreza, lo hacen midiéndola con criterios de otras épocas no comparables con la realidad actual. Porque en otros tiempos, por ejemplo, no tener acceso a la energía

---

[15] Cf. *Discurso a la Fundación Centesimus annus pro Pontifice* (25 mayo 2013): *L'Osservatore Romano*, ed. semanal en lengua española (31 mayo 2013), p. 4.

[16] Cf. S. Pablo VI, Carta enc. *Populorum progressio* (26 marzo 1967), 14: *AAS* 59 (1967), 264.

[17] Benedicto XVI, Carta enc. *Caritas in veritate* (29 junio 2009), 22: *AAS* 101 (2009), 657.

eléctrica no era considerado un signo de pobreza ni generaba angustia. La pobreza siempre se analiza y se entiende en el contexto de las posibilidades reales de un momento histórico concreto.

Derechos humanos no suficientemente universales

22.   Muchas veces se percibe que, de hecho, los derechos humanos no son iguales para todos. El respeto de estos derechos «es condición previa para el mismo desarrollo social y económico de un país. Cuando se respeta la dignidad del hombre, y sus derechos son reconocidos y tutelados, florece también la creatividad y el ingenio, y la personalidad humana puede desplegar sus múltiples iniciativas en favor del bien común».[18] Pero «observando con atención nuestras sociedades contemporáneas, encontramos numerosas contradicciones que nos llevan a preguntarnos si verdaderamente la igual dignidad de todos los seres humanos, proclamada solemnemente hace 70 años, es reconocida, respetada, protegida y promovida en todas las circunstancias. En el mundo de hoy persisten numerosas formas de injusticia, nutridas por visiones antropológicas reductivas y por un modelo económico basado en las ganancias, que no duda en explotar, descartar e incluso matar al hombre. Mientras una parte de la humanidad vive en opulencia, otra parte ve su propia

---

[18] *Discurso a las autoridades*, Tirana – Albania (21 septiembre 2014): *AAS* 106 (2014), 773; *L'Osservatore Romano,* ed. semanal en lengua española (26 septiembre 2014), p. 7.

dignidad desconocida, despreciada o pisoteada y sus derechos fundamentales ignorados o violados».[19] ¿Qué dice esto acerca de la igualdad de derechos fundada en la misma dignidad humana?

23.   De modo semejante, la organización de las sociedades en todo el mundo todavía está lejos de reflejar con claridad que las mujeres tienen exactamente la misma dignidad e idénticos derechos que los varones. Se afirma algo con las palabras, pero las decisiones y la realidad gritan otro mensaje. Es un hecho que «doblemente pobres son las mujeres que sufren situaciones de exclusión, maltrato y violencia, porque frecuentemente se encuentran con menores posibilidades de defender sus derechos».[20]

24.   Reconozcamos igualmente que, «a pesar de que la comunidad internacional ha adoptado diversos acuerdos para poner fin a la esclavitud en todas sus formas, y ha dispuesto varias estrategias para combatir este fenómeno, todavía hay millones de personas —niños, hombres y mujeres de todas las edades— privados de su libertad y obligados a vivir en condiciones similares a la esclavitud. [...] Hoy como ayer, en la raíz de la esclavitud se encuentra una concepción de la

---

[19] *Mensaje a los participantes en la Conferencia internacional "Los derechos humanos en el mundo contemporáneo: conquistas, omisiones, negaciones"* (10 diciembre 2018): *L'Osservatore Romano*, ed. semanal en lengua española (14 diciembre 2018), p. 11.
[20] Exhort. ap. *Evangelii gaudium* (24 noviembre 2013), 212: *AAS* 105 (2013), 1108.

18

persona humana que admite que pueda ser tratada como un objeto. [...] La persona humana, creada a imagen y semejanza de Dios, queda privada de la libertad, mercantilizada, reducida a ser propiedad de otro, con la fuerza, el engaño o la constricción física o psicológica; es tratada como un medio y no como un fin». Las redes criminales «utilizan hábilmente las modernas tecnologías informáticas para embaucar a jóvenes y niños en todas las partes del mundo».[21] La aberración no tiene límites cuando se somete a mujeres, luego forzadas a abortar. Un acto abominable que llega incluso al secuestro con el fin de vender sus órganos. Esto convierte a la trata de personas y a otras formas actuales de esclavitud en un problema mundial que necesita ser tomado en serio por la humanidad en su conjunto, porque «como las organizaciones criminales utilizan redes globales para lograr sus objetivos, la acción para derrotar a este fenómeno requiere un esfuerzo conjunto y también global por parte de los diferentes agentes que conforman la sociedad».[22]

Conflicto y miedo

25.   Guerras, atentados, persecuciones por motivos raciales o religiosos, y tantas afrentas contra

---

[21] *Mensaje para la 48.ª Jornada Mundial de la Paz 1 enero 2015* (8 diciembre 2014), 3-4: *AAS* 107 (2015), 69-71; *L'Osservatore Romano*, ed. semanal en lengua española (12 diciembre 2014), p. 9.

[22] *Ibíd.*, 5: *AAS* 107 (2015), 72; *L'Osservatore Romano*, ed. semanal en lengua española (12 diciembre 2014), p. 9.

la dignidad humana se juzgan de diversas maneras según convengan o no a determinados intereses, fundamentalmente económicos. Lo que es verdad cuando conviene a un poderoso deja de serlo cuando ya no le beneficia. Estas situaciones de violencia van «multiplicándose dolorosamente en muchas regiones del mundo, hasta asumir las formas de la que podría llamar una "tercera guerra mundial en etapas"».[23]

26.	Esto no llama la atención si advertimos la ausencia de horizontes que nos congreguen, porque en toda guerra lo que aparece en ruinas es «el mismo proyecto de fraternidad, inscrito en la vocación de la familia humana», por lo que «cualquier situación de amenaza alimenta la desconfianza y el repliegue».[24] Así, nuestro mundo avanza en una dicotomía sin sentido con la pretensión de «garantizar la estabilidad y la paz en base a una falsa seguridad sustentada por una mentalidad de miedo y desconfianza».[25]

27.	Paradójicamente, hay miedos ancestrales que no han sido superados por el desarrollo tec-

---

[23] *Mensaje para la 49.ª Jornada Mundial de la Paz 1 enero 2016* (8 diciembre 2015), 2: *AAS* 108 (2016), 49; *L'Osservatore Romano*, ed. semanal en lengua española (18-25 diciembre 2015), p. 8.

[24] *Mensaje para la 53.ª Jornada Mundial de la Paz 1 enero 2020* (8 diciembre 2019), 1: *L'Osservatore Romano*, ed. semanal en lengua española (13 diciembre 2019), p. 6.

[25] *Discurso sobre las armas nucleares*, Nagasaki – Japón (24 noviembre 2019): *L'Osservatore Romano*, ed. semanal en lengua española (29 noviembre 2019), p. 11.

nológico; es más, han sabido esconderse y potenciarse detrás de nuevas tecnologías. Aun hoy, detrás de la muralla de la antigua ciudad está el abismo, el territorio de lo desconocido, el desierto. Lo que proceda de allí no es confiable porque no es conocido, no es familiar, no pertenece a la aldea. Es el territorio de lo "bárbaro", del cual hay que defenderse a costa de lo que sea. Por consiguiente, se crean nuevas barreras para la autopreservación, de manera que deja de existir el mundo y únicamente existe "mi" mundo, hasta el punto de que muchos dejan de ser considerados seres humanos con una dignidad inalienable y pasan a ser sólo "ellos". Reaparece «la tentación de hacer una cultura de muros, de levantar muros, muros en el corazón, muros en la tierra para evitar este encuentro con otras culturas, con otras personas. Y cualquiera que levante un muro, quien construya un muro, terminará siendo un esclavo dentro de los muros que ha construido, sin horizontes. Porque le falta esta alteridad».[26]

28. La soledad, los miedos y la inseguridad de tantas personas que se sienten abandonadas por el sistema, hacen que se vaya creando un terreno fértil para las mafias. Porque ellas se afirman presentándose como "protectoras" de los olvidados, muchas veces a través de diversas ayudas, mientras persiguen sus intereses criminales. Hay una peda-

---

[26] *Discurso a los profesores y estudiantes del Colegio "San Carlos" de Milán* (6 abril 2019): *L'Osservatore Romano*, ed. semanal en lengua española (14 abril 2019), p. 7.

gogía típicamente mafiosa que, con una falsa mística comunitaria, crea lazos de dependencia y de subordinación de los que es muy difícil liberarse.

29.   Con el Gran Imán Ahmad Al-Tayyeb no ignoramos los avances positivos que se dieron en la ciencia, la tecnología, la medicina, la industria y el bienestar, sobre todo en los países desarrollados. No obstante, «subrayamos que, junto a tales progresos históricos, grandes y valiosos, se constata un deterioro de la ética, que condiciona la acción internacional, y un debilitamiento de los valores espirituales y del sentido de responsabilidad. Todo eso contribuye a que se difunda una sensación general de frustración, de soledad y de desesperación. [...] Nacen focos de tensión y se acumulan armas y municiones, en una situación mundial dominada por la incertidumbre, la desilusión y el miedo al futuro y controlada por intereses económicos miopes». También señalamos «las fuertes crisis políticas, la injusticia y la falta de una distribución equitativa de los recursos naturales. [...] Con respecto a las crisis que llevan a la muerte a millones de niños, reducidos ya a esqueletos humanos —a causa de la pobreza y del hambre—, reina un silencio internacional inaceptable».[27] Ante este panorama, si bien

[27] *Documento sobre la fraternidad humana por la paz mundial y la convivencia común*, Abu Dabi (4 febrero 2019): *L'Osservatore Romano*, ed. semanal en lengua española (8 febrero 2019), p. 7.

22

nos cautivan muchos avances, no advertimos un rumbo realmente humano.

30. En el mundo actual los sentimientos de pertenencia a una misma humanidad se debilitan, y el sueño de construir juntos la justicia y la paz parece una utopía de otras épocas. Vemos cómo impera una indiferencia cómoda, fría y globalizada, hija de una profunda desilusión que se esconde detrás del engaño de una ilusión: creer que podemos ser todopoderosos y olvidar que estamos todos en la misma barca. Este desengaño que deja atrás los grandes valores fraternos lleva «a una especie de cinismo. Esta es la tentación que nosotros tenemos delante, si vamos por este camino de la desilusión o de la decepción. [...] El aislamiento y la cerrazón en uno mismo o en los propios intereses jamás son el camino para devolver esperanza y obrar una renovación, sino que es la cercanía, la cultura del encuentro. El aislamiento, no; cercanía, sí. Cultura del enfrentamiento, no; cultura del encuentro, sí».[28]

31. En este mundo que corre sin un rumbo común, se respira una atmósfera donde «la distancia entre la obsesión por el propio bienestar y la felicidad compartida de la humanidad se amplía hasta tal punto que da la impresión de que se está produciendo un verdadero cisma entre el indi-

---

[28] *Discurso al mundo de la cultura*, Cagliari – Italia (22 septiembre 2013): *L'Osservatore Romano*, ed. semanal en lengua española (27 septiembre 2013), p. 15.

viduo y la comunidad humana. [...] Porque una cosa es sentirse obligados a vivir juntos, y otra muy diferente es apreciar la riqueza y la belleza de las semillas de la vida en común que hay que buscar y cultivar juntos».[29] Avanza la tecnología sin pausa, pero «¡qué bonito sería si al crecimiento de las innovaciones científicas y tecnológicas correspondiera también una equidad y una inclusión social cada vez mayores! ¡Qué bonito sería que a medida que descubrimos nuevos planetas lejanos, volviéramos a descubrir las necesidades del hermano o de la hermana en órbita alrededor de mí!».[30]

32.   Es verdad que una tragedia global como la pandemia de Covid-19 despertó durante un tiempo la consciencia de ser una comunidad mundial que navega en una misma barca, donde el mal de uno perjudica a todos. Recordamos que nadie se salva solo, que únicamente es posible salvarse juntos. Por eso dije que «la tempestad desenmascara nuestra vulnerabilidad y deja al descubierto esas falsas y superfluas seguridades con las que habíamos construido nuestras agendas, nuestros proyectos, rutinas y prioridades. [...] Con la tem-

---

[29] *Humana communitas*. Carta al Presidente de la Pontificia Academia para la Vida con ocasión del 25.º aniversario de su institución (6 enero 2019), 2. 6: *L'Osservatore Romano*, ed. semanal en lengua española (18 enero 2019), pp. 6-7.

[30] *Videomensaje al TED2017 de Vancouver* (26 abril 2017): *L'Osservatore Romano* (27 abril 2017), p. 7.

pestad, se cayó el maquillaje de esos estereotipos con los que disfrazábamos nuestros egos siempre pretenciosos de querer aparentar; y dejó al descubierto, una vez más, esa bendita pertenencia común de la que no podemos ni queremos evadirnos; esa pertenencia de hermanos».[31]

33. El mundo avanzaba de manera implacable hacia una economía que, utilizando los avances tecnológicos, procuraba reducir los "costos humanos", y algunos pretendían hacernos creer que bastaba la libertad de mercado para que todo estuviera asegurado. Pero el golpe duro e inesperado de esta pandemia fuera de control obligó por la fuerza a volver a pensar en los seres humanos, en todos, más que en el beneficio de algunos. Hoy podemos reconocer que «nos hemos alimentado con sueños de esplendor y grandeza y hemos terminado comiendo distracción, encierro y soledad; nos hemos empachado de conexiones y hemos perdido el sabor de la fraternidad. Hemos buscado el resultado rápido y seguro y nos vemos abrumados por la impaciencia y la ansiedad. Presos de la virtualidad hemos perdido el gusto y el sabor de la realidad».[32] El dolor, la incertidumbre, el temor y la conciencia de los propios límites que despertó la pandemia,

---

[31] *Momento extraordinario de oración en tiempos de epidemia* (27 marzo 2020): *L'Osservatore Romano*, ed. semanal en lengua española (3 abril 2020), p. 3.

[32] *Homilía durante la Santa Misa*, Skopie – Macedonia del Norte (7 mayo 2019): *L'Osservatore Romano*, ed. semanal en lengua española (10 mayo 2019), p. 12.

hacen resonar el llamado a repensar nuestros estilos de vida, nuestras relaciones, la organización de nuestras sociedades y sobre todo el sentido de nuestra existencia.

34. Si todo está conectado, es difícil pensar que este desastre mundial no tenga relación con nuestro modo de enfrentar la realidad, pretendiendo ser señores absolutos de la propia vida y de todo lo que existe. No quiero decir que se trata de una suerte de castigo divino. Tampoco bastaría afirmar que el daño causado a la naturaleza termina cobrándose nuestros atropellos. Es la realidad misma que gime y se rebela. Viene a la mente el célebre verso del poeta Virgilio que evoca las lágrimas de las cosas o de la historia.[33]

35. Pero olvidamos rápidamente las lecciones de la historia, «maestra de vida».[34] Pasada la crisis sanitaria, la peor reacción sería la de caer aún más en una fiebre consumista y en nuevas formas de autopreservación egoísta. Ojalá que al final ya no estén "los otros", sino sólo un "nosotros". Ojalá no se trate de otro episodio severo de la historia del que no hayamos sido capaces de aprender. Ojalá no nos olvidemos de los ancianos que murieron por falta de respiradores, en parte como resultado de sistemas de salud desmantelados

---

[33] Cf. *Eneida* 1, 462: «Sunt lacrimae rerum et mentem mortalia tangunt».

[34] «Historia [...] magistra vitae» (MARCO TULIO CICERÓN, *De Oratore*, 2, 36).

año tras año. Ojalá que tanto dolor no sea inútil, que demos un salto hacia una forma nueva de vida y descubramos definitivamente que nos necesitamos y nos debemos los unos a los otros, para que la humanidad renazca con todos los rostros, todas las manos y todas las voces, más allá de las fronteras que hemos creado.

36.   Si no logramos recuperar la pasión compartida por una comunidad de pertenencia y de solidaridad, a la cual destinar tiempo, esfuerzo y bienes, la ilusión global que nos engaña se caerá ruinosamente y dejará a muchos a merced de la náusea y el vacío. Además, no se debería ignorar ingenuamente que «la obsesión por un estilo de vida consumista, sobre todo cuando sólo unos pocos puedan sostenerlo, sólo podrá provocar violencia y destrucción recíproca».[35] El "sálvese quien pueda" se traducirá rápidamente en el "todos contra todos", y eso será peor que una pandemia.

37.   Tanto desde algunos regímenes políticos populistas como desde planteamientos económicos liberales, se sostiene que hay que evitar a toda costa la llegada de personas migrantes. Al mismo tiempo se argumenta que conviene limitar la ayuda a los países pobres, de modo que toquen

---

[35] Carta enc. *Laudato si'* (24 mayo 2015), 204: *AAS* 107 (2015), 928.

fondo y decidan tomar medidas de austeridad. No se advierte que, detrás de estas afirmaciones abstractas difíciles de sostener, hay muchas vidas que se desgarran. Muchos escapan de la guerra, de persecuciones, de catástrofes naturales. Otros, con todo derecho, «buscan oportunidades para ellos y para sus familias. Sueñan con un futuro mejor y desean crear las condiciones para que se haga realidad».[36]

38. Lamentablemente, otros son «atraídos por la cultura occidental, a veces con expectativas poco realistas que los exponen a grandes desilusiones. Traficantes sin escrúpulos, a menudo vinculados a los cárteles de la droga y de las armas, explotan la situación de debilidad de los inmigrantes, que a lo largo de su viaje con demasiada frecuencia experimentan la violencia, la trata de personas, el abuso psicológico y físico, y sufrimientos indescriptibles».[37] Los que emigran «tienen que separarse de su propio contexto de origen y con frecuencia viven un desarraigo cultural y religioso. La fractura también concierne a las comunidades de origen, que pierden a los elementos más vigorosos y emprendedores, y a las familias, en particular cuando emigra uno de los padres o ambos, dejando a los hijos en el país de origen».[38] Por consiguiente, también «hay que reafirmar el derecho a no emigrar, es decir, a te-

---

[36] Exhort. ap. postsin. *Christus vivit* (25 marzo 2019), 91.
[37] *Ibíd.*, 92.
[38] *Ibíd.*, 93.

ner las condiciones para permanecer en la propia tierra».[39]

39.   Para colmo «en algunos países de llegada, los fenómenos migratorios suscitan alarma y miedo, a menudo fomentados y explotados con fines políticos. Se difunde así una mentalidad xenófoba, de gente cerrada y replegada sobre sí misma».[40] Los migrantes no son considerados suficientemente dignos para participar en la vida social como cualquier otro, y se olvida que tienen la misma dignidad intrínseca de cualquier persona. Por lo tanto, deben ser «protagonistas de su propio rescate».[41] Nunca se dirá que no son humanos pero, en la práctica, con las decisiones y el modo de tratarlos, se expresa que se los considera menos valiosos, menos importantes, menos humanos. Es inaceptable que los cristianos compartan esta mentalidad y estas actitudes, haciendo prevalecer a veces ciertas preferencias políticas por encima de hondas convicciones de la propia fe: la inalienable dignidad de cada persona humana más allá de su origen, color o religión, y la ley suprema del amor fraterno.

[39] BENEDICTO XVI, *Mensaje para la 99.ª Jornada Mundial del Migrante y del Refugiado* (12 octubre 2012): *AAS* 104 (2012), 908; *L'Osservatore Romano*, ed. semanal en lengua española (11 noviembre 2012), p. 4.

[40] Exhort. ap. postsin. *Christus vivit* (25 marzo 2019), 92.

[41] *Mensaje para la 106.ª Jornada Mundial del Migrante y del Refugiado 2020* (13 mayo 2020): *L'Osservatore Romano*, ed. semanal en lengua española (22 mayo 2020), p. 5.

40. «Las migraciones constituirán un elemento determinante del futuro del mundo».[42] Pero hoy están afectadas por una «pérdida de ese "sentido de la responsabilidad fraterna", sobre el que se basa toda sociedad civil».[43] Europa, por ejemplo, corre serios riesgos de ir por esa senda. Sin embargo, «inspirándose en su gran patrimonio cultural y religioso, tiene los instrumentos necesarios para defender la centralidad de la persona humana y encontrar un justo equilibrio entre el deber moral de tutelar los derechos de sus ciudadanos, por una parte, y, por otra, el de garantizar la asistencia y la acogida de los emigrantes».[44]

41. Comprendo que ante las personas migrantes algunos tengan dudas y sientan temores. Lo entiendo como parte del instinto natural de autodefensa. Pero también es verdad que una persona y un pueblo sólo son fecundos si saben integrar creativamente en su interior la apertura a los otros. Invito a ir más allá de esas reacciones primarias, porque «el problema es cuando esas dudas y esos miedos condicionan nuestra forma de pensar y de actuar hasta el punto de conver-

[42] *Discurso al Cuerpo diplomático acreditado ante la Santa Sede* (11 enero 2016): *AAS* 108 (2016), 124; *L'Osservatore Romano*, ed. semanal en lengua española (15 enero 2016), p. 8.

[43] *Discurso al Cuerpo diplomático acreditado ante la Santa Sede* (13 enero 2014): *AAS* 106 (2014), 84; *L'Osservatore Romano*, ed. semanal en lengua española (17 enero 2014), p. 7.

[44] *Discurso al Cuerpo diplomático acreditado ante la Santa Sede* (11 enero 2016): *AAS* 108 (2016), 123; *L'Osservatore Romano*, ed. semanal en lengua española (15 enero 2016), p. 8.

tirnos en seres intolerantes, cerrados y quizás, sin darnos cuenta, incluso racistas. El miedo nos priva así del deseo y de la capacidad de encuentro con el otro».[45]

La ilusión de la comunicación

42. Paradójicamente, mientras se desarrollan actitudes cerradas e intolerantes que nos clausuran ante los otros, se acortan o desaparecen las distancias hasta el punto de que deja de existir el derecho a la intimidad. Todo se convierte en una especie de espectáculo que puede ser espiado, vigilado, y la vida se expone a un control constante. En la comunicación digital se quiere mostrar todo y cada individuo se convierte en objeto de miradas que hurgan, desnudan y divulgan, frecuentemente de manera anónima. El respeto al otro se hace pedazos y, de esa manera, al mismo tiempo que lo desplazo, lo ignoro y lo mantengo lejos, sin pudor alguno puedo invadir su vida hasta el extremo.

43. Por otra parte, los movimientos digitales de odio y destrucción no constituyen —como algunos pretenden hacer creer— una forma adecuada de cuidado grupal, sino meras asociaciones contra un enemigo. En cambio, «los medios de comunicación digitales pueden exponer al ries-

---

[45] *Mensaje para la 105.ª Jornada Mundial del Migrante y del Refugiado* (27 mayo 2019): *L'Osservatore Romano*, ed. semanal en lengua española (31 mayo 2019), p. 6.

go de dependencia, de aislamiento y de progresiva pérdida de contacto con la realidad concreta, obstaculizando el desarrollo de relaciones interpersonales auténticas».[46] Hacen falta gestos físicos, expresiones del rostro, silencios, lenguaje corporal, y hasta el perfume, el temblor de las manos, el rubor, la transpiración, porque todo eso habla y forma parte de la comunicación humana. Las relaciones digitales, que eximen del laborioso cultivo de una amistad, de una reciprocidad estable, e incluso de un consenso que madura con el tiempo, tienen apariencia de sociabilidad. No construyen verdaderamente un "nosotros" sino que suelen disimular y amplificar el mismo individualismo que se expresa en la xenofobia y en el desprecio de los débiles. La conexión digital no basta para tender puentes, no alcanza para unir a la humanidad.

Agresividad sin pudor

44. Al mismo tiempo que las personas preservan su aislamiento consumista y cómodo, eligen una vinculación constante y febril. Esto favorece la ebullición de formas insólitas de agresividad, de insultos, maltratos, descalificaciones, latigazos verbales hasta destrozar la figura del otro, en un desenfreno que no podría existir en el contacto cuerpo a cuerpo sin que termináramos destruyéndonos entre todos. La agresividad social encuentra en los dispositivos móviles y ordenadores un espacio de ampliación sin igual.

---

[46] Exhort. ap. postsin. *Christus vivit* (25 marzo 2019), 88.

45.   Ello ha permitido que las ideologías pierdan todo pudor. Lo que hasta hace pocos años no podía ser dicho por alguien sin el riesgo de perder el respeto de todo el mundo, hoy puede ser expresado con toda crudeza aun por algunas autoridades políticas y permanecer impune. No cabe ignorar que «en el mundo digital están en juego ingentes intereses económicos, capaces de realizar formas de control tan sutiles como invasivas, creando mecanismos de manipulación de las conciencias y del proceso democrático. El funcionamiento de muchas plataformas a menudo acaba por favorecer el encuentro entre personas que piensan del mismo modo, obstaculizando la confrontación entre las diferencias. Estos circuitos cerrados facilitan la difusión de informaciones y noticias falsas, fomentando prejuicios y odios».[47]

46.   Conviene reconocer que los fanatismos que llevan a destruir a otros son protagonizados también por personas religiosas, sin excluir a los cristianos, que «pueden formar parte de redes de violencia verbal a través de internet y de los diversos foros o espacios de intercambio digital. Aun en medios católicos se pueden perder los límites, se suelen naturalizar la difamación y la calumnia, y parece quedar fuera toda ética y respeto por la fama ajena».[48] ¿Qué se aporta así a la fraternidad que el Padre común nos propone?

<hr>

[47] *Ibíd.*, 89.
[48] Exhort. ap. *Gaudete et exsultate* (19 marzo 2018), 115.

47.   La verdadera sabiduría supone el encuentro con la realidad. Pero hoy todo se puede producir, disimular, alterar. Esto hace que el encuentro directo con los límites de la realidad se vuelva intolerable. Como consecuencia, se opera un mecanismo de "selección" y se crea el hábito de separar inmediatamente lo que me gusta de lo que no me gusta, lo atractivo de lo feo. Con la misma lógica se eligen las personas con las que uno decide compartir el mundo. Así las personas o situaciones que herían nuestra sensibilidad o nos provocaban desagrado hoy sencillamente son eliminadas en las redes virtuales, construyendo un círculo virtual que nos aísla del entorno en el que vivimos.

48.   El sentarse a escuchar a otro, característico de un encuentro humano, es un paradigma de actitud receptiva, de quien supera el narcisismo y recibe al otro, le presta atención, lo acoge en el propio círculo. Pero «el mundo de hoy es en su mayoría un mundo sordo. [...] A veces la velocidad del mundo moderno, lo frenético nos impide escuchar bien lo que dice otra persona. Y cuando está a la mitad de su diálogo, ya lo interrumpimos y le queremos contestar cuando todavía no terminó de decir. No hay que perder la capacidad de escucha». San Francisco de Asís «escuchó la voz de Dios, escuchó la voz del pobre, escuchó la voz del enfermo, escuchó la voz de la naturaleza. Y todo eso lo transforma en un estilo de vida.

Deseo que la semilla de san Francisco crezca en tantos corazones».[49]

49.   Al desaparecer el silencio y la escucha, convirtiendo todo en tecleos y mensajes rápidos y ansiosos, se pone en riesgo esta estructura básica de una sabia comunicación humana. Se crea un nuevo estilo de vida donde uno construye lo que quiere tener delante, excluyendo todo aquello que no se pueda controlar o conocer superficial e instantáneamente. Esta dinámica, por su lógica intrínseca, impide la reflexión serena que podría llevarnos a una sabiduría común.

50.   Podemos buscar juntos la verdad en el diálogo, en la conversación reposada o en la discusión apasionada. Es un camino perseverante, hecho también de silencios y de sufrimientos, capaz de recoger con paciencia la larga experiencia de las personas y de los pueblos. El cúmulo abrumador de información que nos inunda no significa más sabiduría. La sabiduría no se fabrica con búsquedas ansiosas por internet, ni es una sumatoria de información cuya veracidad no está asegurada. De ese modo no se madura en el encuentro con la verdad. Las conversaciones finalmente sólo giran en torno a los últimos datos, son meramente horizontales y acumulativas. Pero no se presta una detenida atención y no se penetra en el corazón de la vida, no se reconoce lo que es esencial para darle

---

[49] Del film *El Papa Francisco — Un hombre de palabra. La esperanza es un mensaje universal*, de Wim Wenders (2018).

un sentido a la existencia. Así, la libertad es una ilusión que nos venden y que se confunde con la libertad de navegar frente a una pantalla. El problema es que un camino de fraternidad, local y universal, sólo puede ser recorrido por espíritus libres y dispuestos a encuentros reales.

51.   Algunos países exitosos desde el punto de vista económico son presentados como modelos culturales para los países poco desarrollados, en lugar de procurar que cada uno crezca con su estilo propio, para que desarrolle sus capacidades de innovar desde los valores de su cultura. Esta nostalgia superficial y triste, que lleva a copiar y comprar en lugar de crear, da espacio a una autoestima nacional muy baja. En los sectores acomodados de muchos países pobres, y a veces en quienes han logrado salir de la pobreza, se advierte la incapacidad de aceptar características y procesos propios, cayendo en un menosprecio de la propia identidad cultural como si fuera la única causa de los males.

52.   Destrozar la autoestima de alguien es una manera fácil de dominarlo. Detrás de estas tendencias que buscan homogeneizar el mundo, afloran intereses de poder que se benefician del bajo aprecio de sí, al tiempo que, a través de los medios y de las redes se intenta crear una nueva cultura al servicio de los más poderosos. Esto es aprovechado por el ventajismo de la especula-

ción financiera y la expoliación, donde los pobres son los que siempre pierden. Por otra parte, ignorar la cultura de un pueblo hace que muchos líderes políticos no logren implementar un proyecto eficiente que pueda ser libremente asumido y sostenido en el tiempo.

53.   Se olvida que «no existe peor alienación que experimentar que no se tienen raíces, que no se pertenece a nadie. Una tierra será fecunda, un pueblo dará fruto, y podrá engendrar el día de mañana sólo en la medida que genere relaciones de pertenencia entre sus miembros, que cree lazos de integración entre las generaciones y las distintas comunidades que la conforman; y también en la medida que rompa los círculos que aturden los sentidos alejándonos cada vez más los unos de los otros».[50]

Esperanza

54.   A pesar de estas sombras densas que no conviene ignorar, en las próximas páginas quiero hacerme eco de tantos caminos de esperanza. Porque Dios sigue derramando en la humanidad semillas de bien. La reciente pandemia nos permitió rescatar y valorizar a tantos compañeros y compañeras de viaje que, en el miedo, reaccionaron donando la propia vida. Fuimos capaces de reconocer cómo nuestras vidas están tejidas y

---

[50] *Discurso a las autoridades, la sociedad civil y el Cuerpo diplomático*, Tallin – Estonia (25 septiembre 2018): *L'Osservatore Romano*, ed. semanal en lengua española (5 octubre 2018), p. 4.

sostenidas por personas comunes que, sin lugar a dudas, escribieron los acontecimientos decisivos de nuestra historia compartida: médicos, enfermeros y enfermeras, farmacéuticos, empleados de los supermercados, personal de limpieza, cuidadores, transportistas, hombres y mujeres que trabajan para proporcionar servicios esenciales y seguridad, voluntarios, sacerdotes, religiosas… comprendieron que nadie se salva solo.[51]

55.   Invito a la esperanza, que «nos habla de una realidad que está enraizada en lo profundo del ser humano, independientemente de las circunstancias concretas y los condicionamientos históricos en que vive. Nos habla de una sed, de una aspiración, de un anhelo de plenitud, de vida lograda, de un querer tocar lo grande, lo que llena el corazón y eleva el espíritu hacia cosas grandes, como la verdad, la bondad y la belleza, la justicia y el amor. […] La esperanza es audaz, sabe mirar más allá de la comodidad personal, de las pequeñas seguridades y compensaciones que estrechan el horizonte, para abrirse a grandes ideales que hacen la vida más bella y digna».[52] Caminemos en esperanza.

---

[51] Cf. *Momento extraordinario de oración en tiempos de epidemia* (27 marzo 2020): *L'Osservatore Romano*, ed. semanal en lengua española (3 abril 2020), p. 3; *Mensaje para la 4.ª Jornada Mundial de los Pobres 2020* (13 junio 2020), 6: *L'Osservatore Romano*, ed. semanal en lengua española (19 junio 2020), p. 5.

[52] *Saludo a los jóvenes del Centro Cultural Padre Félix Varela*, La Habana – Cuba (20 septiembre 2015): *L'Osservatore Romano* (21-22 septiembre 2015), p. 6.

CAPÍTULO SEGUNDO

UN EXTRAÑO EN EL CAMINO

56.   Todo lo que mencioné en el capítulo anterior es más que una aséptica descripción de la realidad, ya que «los gozos y las esperanzas, las tristezas y las angustias de los hombres de nuestro tiempo, sobre todo de los pobres y de cuantos sufren, son a la vez gozos y esperanzas, tristezas y angustias de los discípulos de Cristo. Nada hay verdaderamente humano que no encuentre eco en su corazón».[53] En el intento de buscar una luz en medio de lo que estamos viviendo, y antes de plantear algunas líneas de acción, propongo dedicar un capítulo a una parábola dicha por Jesucristo hace dos mil años. Porque, si bien esta carta está dirigida a todas las personas de buena voluntad, más allá de sus convicciones religiosas, la parábola se expresa de tal manera que cualquiera de nosotros puede dejarse interpelar por ella.

«Un maestro de la Ley se levantó y le preguntó a Jesús para ponerlo a prueba: "Maestro, ¿qué debo hacer para heredar la vida eterna?". Jesús le preguntó a su vez: "Qué está escrito en la Ley?, ¿qué lees en ella?". Él le respondió: "Amarás al Señor, tu Dios, con todo tu cora-

---

[53] CONC. ECUM. VAT. II, Const. past. *Gaudium et spes*, sobre la Iglesia en el mundo actual, 1.

zón, con toda tu alma, con todas tus fuerzas y con toda tu mente, y al prójimo como a ti mismo". Entonces Jesús le dijo: "Has respondido bien; pero ahora practícalo y vivirás". El maestro de la Ley, queriendo justificarse, le volvió a preguntar: "¿Quién es mi prójimo?". Jesús tomó la palabra y dijo: "Un hombre bajaba de Jerusalén a Jericó y cayó en manos de unos ladrones, quienes, después de despojarlo de todo y herirlo, se fueron, dejándolo por muerto. Por casualidad, un sacerdote bajaba por el mismo camino, lo vio, dio un rodeo y pasó de largo. Igual hizo un levita, que llegó al mismo lugar, dio un rodeo y pasó de largo. En cambio, un samaritano, que iba de viaje, llegó a donde estaba el hombre herido y, al verlo, se conmovió profundamente, se acercó y le vendó sus heridas, curándolas con aceite y vino. Después lo cargó sobre su propia cabalgadura, lo llevó a un albergue y se quedó cuidándolo. A la mañana siguiente le dio al dueño del albergue dos monedas de plata y le dijo: 'Cuídalo, y, si gastas de más, te lo pagaré a mi regreso'. ¿Cuál de estos tres te parece que se comportó como prójimo del hombre que cayó en manos de los ladrones?" El maestro de la Ley respondió: "El que lo trató con misericordia". Entonces Jesús le dijo: "Tienes que ir y hacer lo mismo"» (Lc 10,25-37).

57.   Esta parábola recoge un trasfondo de siglos. Poco después de la narración de la creación del mundo y del ser humano, la Biblia plantea el desafío de las relaciones entre nosotros. Caín destruye a su hermano Abel, y resuena la pregunta de Dios: «¿Dónde está tu hermano Abel?» (*Gn* 4,9). La respuesta es la misma que frecuen-

temente damos nosotros: «¿Acaso yo soy guardián de mi hermano?» (*ibíd.*). Al preguntar, Dios cuestiona todo tipo de determinismo o fatalismo que pretenda justificar la indiferencia como única respuesta posible. Nos habilita, por el contrario, a crear una cultura diferente que nos oriente a superar las enemistades y a cuidarnos unos a otros.

58.   El libro de Job acude al hecho de tener un mismo Creador como base para sostener algunos derechos comunes: «¿Acaso el que me formó en el vientre no lo formó también a él y nos modeló del mismo modo en la matriz?» (31,15). Muchos siglos después, san Ireneo lo expresará con la imagen de la melodía: «El amante de la verdad no debe dejarse engañar por el intervalo particular de cada tono, ni suponer un creador para uno y otro para otro [...], sino uno solo».[54]

59.   En las tradiciones judías, el imperativo de amar y cuidar al otro parecía restringirse a las relaciones entre los miembros de una misma nación. El antiguo precepto «amarás a tu prójimo como a ti mismo» (*Lv* 19,18) se entendía ordinariamente como referido a los connacionales. Sin embargo, especialmente en el judaísmo que se desarrolló fuera de la tierra de Israel, los confines se fueron ampliando. Apareció la invitación a no hacer a los otros lo que no quieres que te hagan (cf. *Tb* 4,15). El sabio Hillel (siglo I a. C.) decía

---

[54] S. Ireneo de Lyon, *Adversus Haereses* 2, 25, 2: *PG* 7/1, 798s.

41

al respecto: «Esto es la Ley y los Profetas. Todo lo demás es comentario».[55] El deseo de imitar las actitudes divinas llevó a superar aquella tendencia a limitarse a los más cercanos: «La misericordia de cada persona se extiende a su prójimo, pero la misericordia del Señor alcanza a todos los vivientes» (*Si* 18,13).

60.   En el Nuevo Testamento, el precepto de Hillel se expresó de modo positivo: «Traten en todo a los demás como ustedes quieran ser tratados, porque en esto consisten la Ley y los Profetas» (*Mt* 7,12). Este llamado es universal, tiende a abarcar a todos, sólo por su condición humana, porque el Altísimo, el Padre celestial «hace salir el sol sobre malos y buenos» (*Mt* 5,45). Como consecuencia se reclama: «Sean misericordiosos así como el Padre de ustedes es misericordioso» (*Lc* 6,36).

61.   Hay una motivación para ampliar el corazón de manera que no excluya al extranjero, que puede encontrarse ya en los textos más antiguos de la Biblia. Se debe al constante recuerdo del pueblo judío de haber vivido como forastero en Egipto:

«No maltratarás ni oprimirás al migrante que reside en tu territorio, porque ustedes fueron migrantes en el país de Egipto» (Ex 22,20).

«No oprimas al migrante: ustedes saben lo que es ser migrante, porque fueron migrantes en el país de Egipto» (Ex 23,9).

---

[55] *Talmud Bavli* (Talmud de Babilonia), *Sabbat*, 31 a.

«*Si un migrante viene a residir entre ustedes, en su tierra, no lo opriman. El migrante residente será para ustedes como el compatriota; lo amarás como a ti mismo, porque ustedes fueron migrantes en el país de Egipto*» (*Lv* 19,33-34).

«*Si cosechas tu viña, no vuelvas a por más uvas. Serán para el migrante, el huérfano y la viuda. Recuerda que fuiste esclavo en el país de Egipto*» (*Dt* 24,21-22).

En el Nuevo Testamento resuena con fuerza el llamado al amor fraterno:

«*Toda la Ley alcanza su plenitud en un solo precepto: Amarás a tu prójimo como a ti mismo*» (*Ga* 5,14).

«*Quien ama a su hermano permanece en la luz y no tropieza. Pero quien aborrece a su hermano está y camina en las tinieblas*» (*1 Jn* 2,10-11).

«*Nosotros sabemos que hemos pasado de la muerte a la vida, porque amamos a los hermanos. Quien no ama permanece en la muerte*» (*1 Jn* 3,14).

«*Quien no ama a su hermano, a quien ve, no puede amar a Dios, a quien no ve*» (*1 Jn* 4,20).

62. Aun esta propuesta de amor podía entenderse mal. Por algo, frente a la tentación de las primeras comunidades cristianas de crear grupos cerrados y aislados, san Pablo exhortaba a sus discípulos a tener caridad entre ellos «y con todos» (*1 Ts* 3,12), y en la comunidad de Juan se pedía que los hermanos fueran bien recibidos, «incluso los que están de paso» (*3 Jn* 5). Este contexto ayuda a comprender el valor de la parábola del buen samaritano: al amor no le importa si el her-

mano herido es de aquí o es de allá. Porque es el «amor que rompe las cadenas que nos aíslan y separan, tendiendo puentes; amor que nos permite construir una gran familia donde todos podamos sentirnos en casa. [...] Amor que sabe de compasión y de dignidad».[56]

EL ABANDONADO

63.   Jesús cuenta que había un hombre herido, tirado en el camino, que había sido asaltado. Pasaron varios a su lado pero huyeron, no se detuvieron. Eran personas con funciones importantes en la sociedad, que no tenían en el corazón el amor por el bien común. No fueron capaces de perder unos minutos para atender al herido o al menos para buscar ayuda. Uno se detuvo, le regaló cercanía, lo curó con sus propias manos, puso también dinero de su bolsillo y se ocupó de él. Sobre todo, le dio algo que en este mundo ansioso retaceamos tanto: le dio su tiempo. Seguramente él tenía sus planes para aprovechar aquel día según sus necesidades, compromisos o deseos. Pero fue capaz de dejar todo a un lado ante el herido, y sin conocerlo lo consideró digno de dedicarle su tiempo.

64.   ¿Con quién te identificas? Esta pregunta es cruda, directa y determinante. ¿A cuál de ellos

[56] *Discurso a los asistidos de las obras de caridad de la Iglesia*, Tallin – Estonia (25 septiembre 2018): *L'Osservatore Romano*, ed. semanal en lengua española (5 octubre 2018), p. 5.

44

te pareces? Nos hace falta reconocer la tentación que nos circunda de desentendernos de los demás; especialmente de los más débiles. Digámoslo, hemos crecido en muchos aspectos, aunque somos analfabetos en acompañar, cuidar y sostener a los más frágiles y débiles de nuestras sociedades desarrolladas. Nos acostumbramos a mirar para el costado, a pasar de lado, a ignorar las situaciones hasta que estas nos golpean directamente.

65.   Asaltan a una persona en la calle, y muchos escapan como si no hubieran visto nada. Frecuentemente hay personas que atropellan a alguien con su automóvil y huyen. Sólo les importa evitar problemas, no les interesa si un ser humano se muere por su culpa. Pero estos son signos de un estilo de vida generalizado, que se manifiesta de diversas maneras, quizás más sutiles. Además, como todos estamos muy concentrados en nuestras propias necesidades, ver a alguien sufriendo nos molesta, nos perturba, porque no queremos perder nuestro tiempo por culpa de los problemas ajenos. Estos son síntomas de una sociedad enferma, porque busca construirse de espaldas al dolor.

66.   Mejor no caer en esa miseria. Miremos el modelo del buen samaritano. Es un texto que nos invita a que resurja nuestra vocación de ciudadanos del propio país y del mundo entero, constructores de un nuevo vínculo social. Es un llamado siempre nuevo, aunque está escrito como

ley fundamental de nuestro ser: que la sociedad se encamine a la prosecución del bien común y, a partir de esta finalidad, reconstruya una y otra vez su orden político y social, su tejido de relaciones, su proyecto humano. Con sus gestos, el buen samaritano reflejó que «la existencia de cada uno de nosotros está ligada a la de los demás: la vida no es tiempo que pasa, sino tiempo de encuentro».[57]

67.   Esta parábola es un ícono iluminador, capaz de poner de manifiesto la opción de fondo que necesitamos tomar para reconstruir este mundo que nos duele. Ante tanto dolor, ante tanta herida, la única salida es ser como el buen samaritano. Toda otra opción termina o bien al lado de los salteadores o bien al lado de los que pasan de largo, sin compadecerse del dolor del hombre herido en el camino. La parábola nos muestra con qué iniciativas se puede rehacer una comunidad a partir de hombres y mujeres que hacen propia la fragilidad de los demás, que no dejan que se erija una sociedad de exclusión, sino que se hacen prójimos y levantan y rehabilitan al caído, para que el bien sea común. Al mismo tiempo, la parábola nos advierte sobre ciertas actitudes de personas que sólo se miran a sí mismas y no se hacen cargo de las exigencias ineludibles de la realidad humana.

68.   El relato, digámoslo claramente, no desliza una enseñanza de ideales abstractos, ni se

<hr>

[57] *Videomensaje al TED2017 de Vancouver* (26 abril 2017): *L'Osservatore Romano* (27 abril 2017), p. 7.

circunscribe a la funcionalidad de una moraleja
ético-social. Nos revela una característica esencial del ser humano, tantas veces olvidada: hemos
sido hechos para la plenitud que sólo se alcanza
en el amor. No es una opción posible vivir indiferentes ante el dolor, no podemos dejar que nadie
quede "a un costado de la vida". Esto nos debe
indignar, hasta hacernos bajar de nuestra sereni-
dad para alterarnos por el sufrimiento humano.
Eso es dignidad.

Una historia que se repite

69.   La narración es sencilla y lineal, pero tiene
toda la dinámica de esa lucha interna que se da
en la elaboración de nuestra identidad, en toda
existencia lanzada al camino para realizar la fraternidad humana. Puestos en camino nos cho-
camos, indefectiblemente, con el hombre herido.
Hoy, y cada vez más, hay heridos. La inclusión o
la exclusión de la persona que sufre al costado del
camino define todos los proyectos económicos,
políticos, sociales y religiosos. Enfrentamos cada
día la opción de ser buenos samaritanos o indiferentes viajantes que pasan de largo. Y si extende-
mos la mirada a la totalidad de nuestra historia y
a lo ancho y largo del mundo, todos somos o hemos sido como estos personajes: todos tenemos
algo de herido, algo de salteador, algo de los que
pasan de largo y algo del buen samaritano.

70.   Es notable cómo las diferencias de los
personajes del relato quedan totalmente trans-

formadas al confrontarse con la dolorosa manifestación del caído, del humillado. Ya no hay distinción entre habitante de Judea y habitante de Samaría, no hay sacerdote ni comerciante; simplemente hay dos tipos de personas: las que se hacen cargo del dolor y las que pasan de largo; las que se inclinan reconociendo al caído y las que distraen su mirada y aceleran el paso. En efecto, nuestras múltiples máscaras, nuestras etiquetas y nuestros disfraces se caen: es la hora de la verdad. ¿Nos inclinaremos para tocar y curar las heridas de los otros? ¿Nos inclinaremos para cargarnos al hombro unos a otros? Este es el desafío presente, al que no hemos de tenerle miedo. En los momentos de crisis la opción se vuelve acuciante: podríamos decir que, en este momento, todo el que no es salteador o todo el que no pasa de largo, o bien está herido o está poniendo sobre sus hombros a algún herido.

71.   La historia del buen samaritano se repite: se torna cada vez más visible que la desidia social y política hace de muchos lugares de nuestro mundo un camino desolado, donde las disputas internas e internacionales y los saqueos de oportunidades dejan a tantos marginados, tirados a un costado del camino. En su parábola, Jesús no plantea vías alternativas, como ¿qué hubiera sido de aquel malherido o del que lo ayudó, si la ira o la sed de venganza hubieran ganado espacio en sus corazones? Él confía en lo mejor del espíritu humano y con la parábola lo alienta a que se ad-

hiera al amor, reintegre al dolido y construya una sociedad digna de tal nombre.

72.   La parábola comienza con los salteadores. El punto de partida que elige Jesús es un asalto ya consumado. No hace que nos detengamos a lamentar el hecho, no dirige nuestra mirada hacia los salteadores. Los conocemos. Hemos visto avanzar en el mundo las densas sombras del abandono, de la violencia utilizada con mezquinos intereses de poder, acumulación y división. La pregunta podría ser: ¿Dejaremos tirado al que está lastimado para correr cada uno a guarecerse de la violencia o a perseguir a los ladrones? ¿Será el herido la justificación de nuestras divisiones irreconciliables, de nuestras indiferencias crueles, de nuestros enfrentamientos internos?

73.   Luego la parábola nos hace poner la mirada claramente en los que pasan de largo. Esta peligrosa indiferencia de no detenerse, inocente o no, producto del desprecio o de una triste distracción, hace de los personajes del sacerdote y del levita un no menos triste reflejo de esa distancia cercenadora que se pone frente a la realidad. Hay muchas maneras de pasar de largo que se complementan: una es ensimismarse, desentenderse de los demás, ser indiferentes. Otra sería sólo mirar hacia afuera. Respecto a esta última manera de pasar de largo, en algunos países, o en ciertos sectores de estos, hay un desprecio de los

pobres y de su cultura, y un vivir con la mirada
puesta hacia fuera, como si un proyecto de país
importado intentara forzar su lugar. Así se puede justificar la indiferencia de algunos, porque
aquellos que podrían tocarles el corazón con sus
reclamos simplemente no existen. Están fuera de
su horizonte de intereses.

74.   En los que pasan de largo hay un detalle
que no podemos ignorar; eran personas religiosas. Es más, se dedicaban a dar culto a Dios: un
sacerdote y un levita. Esto es un fuerte llamado
de atención, indica que el hecho de creer en Dios
y de adorarlo no garantiza vivir como a Dios le
agrada. Una persona de fe puede no ser fiel a
todo lo que esa misma fe le reclama, y sin embargo puede sentirse cerca de Dios y creerse con
más dignidad que los demás. Pero hay maneras
de vivir la fe que facilitan la apertura del corazón a los hermanos, y esa será la garantía de una
auténtica apertura a Dios. San Juan Crisóstomo
llegó a expresar con mucha claridad este desafío
que se plantea a los cristianos: «¿Desean honrar
el cuerpo de Cristo? No lo desprecien cuando lo
contemplen desnudo [...], ni lo honren aquí, en
el templo, con lienzos de seda, si al salir lo aban-
donan en su frío y desnudez».[58] La paradoja es
que a veces, quienes dicen no creer, pueden vivir
la voluntad de Dios mejor que los creyentes.

[58] *Homiliae in Matthaeum*, 50, 3: *PG* 58, 508.

75.   Los "salteadores del camino" suelen tener como aliados secretos a los que "pasan por el camino mirando a otro lado". Se cierra el círculo entre los que usan y engañan a la sociedad para esquilmarla, y los que creen mantener la pureza en su función crítica, pero al mismo tiempo viven de ese sistema y de sus recursos. Hay una triste hipocresía cuando la impunidad del delito, del uso de las instituciones para el provecho personal o corporativo y otros males que no logramos desterrar, se unen a una permanente descalificación de todo, a la constante siembra de sospecha que hace cundir la desconfianza y la perplejidad. El engaño del "todo está mal" es respondido con un "nadie puede arreglarlo", "¿qué puedo hacer yo?". De esta manera, se nutre el desencanto y la desesperanza, y eso no alienta un espíritu de solidaridad y de generosidad. Hundir a un pueblo en el desaliento es el cierre de un círculo perverso perfecto: así obra la dictadura invisible de los verdaderos intereses ocultos, que se adueñaron de los recursos y de la capacidad de opinar y pensar.

76.   Miremos finalmente al hombre herido. A veces nos sentimos como él, malheridos y tirados al costado del camino. Nos sentimos también desamparados por nuestras instituciones desarmadas y desprovistas, o dirigidas al servicio de los intereses de unos pocos, de afuera y de adentro. Porque «en la sociedad globalizada, existe un estilo elegante de mirar para otro lado que se practica recurrentemente: bajo el ropaje

de lo políticamente correcto o las modas ideológicas, se mira al que sufre sin tocarlo, se lo televisa en directo, incluso se adopta un discurso en apariencia tolerante y repleto de eufemismos».[59]

RECOMENZAR

77.   Cada día se nos ofrece una nueva oportunidad, una etapa nueva. No tenemos que esperar todo de los que nos gobiernan, sería infantil. Gozamos de un espacio de corresponsabilidad capaz de iniciar y generar nuevos procesos y transformaciones. Seamos parte activa en la rehabilitación y el auxilio de las sociedades heridas. Hoy estamos ante la gran oportunidad de manifestar nuestra esencia fraterna, de ser otros buenos samaritanos que carguen sobre sí el dolor de los fracasos, en vez de acentuar odios y resentimientos. Como el viajero ocasional de nuestra historia, sólo falta el deseo gratuito, puro y simple de querer ser pueblo, de ser constantes e incansables en la labor de incluir, de integrar, de levantar al caído; aunque muchas veces nos veamos inmersos y condenados a repetir la lógica de los violentos, de los que sólo se ambicionan a sí mismos, difusores de la confusión y la mentira. Que otros sigan pensando en la política o en la economía para sus juegos de poder. Alimentemos lo bueno y pongámonos al servicio del bien.

---

[59] *Mensaje con ocasión del Encuentro de los Movimientos populares*, Modesto – Estados Unidos (10 febrero 2017): *AAS* 109 (2017), 291.

52

78.   Es posible comenzar de abajo y de a uno, pugnar por lo más concreto y local, hasta el último rincón de la patria y del mundo, con el mismo cuidado que el viajero de Samaría tuvo por cada llaga del herido. Busquemos a otros y hagámonos cargo de la realidad que nos corresponde sin miedo al dolor o a la impotencia, porque allí está todo lo bueno que Dios ha sembrado en el corazón del ser humano. Las dificultades que parecen enormes son la oportunidad para crecer, y no la excusa para la tristeza inerte que favorece el sometimiento. Pero no lo hagamos solos, individualmente. El samaritano buscó a un hospedero que pudiera cuidar de aquel hombre, como nosotros estamos invitados a convocar y encontrarnos en un "nosotros" que sea más fuerte que la suma de pequeñas individualidades; recordemos que «el todo es más que la parte, y también es más que la mera suma de ellas».[60] Renunciemos a la mezquindad y al resentimiento de los internismos estériles, de los enfrentamientos sin fin. Dejemos de ocultar el dolor de las pérdidas y hagámonos cargo de nuestros crímenes, desidias y mentiras. La reconciliación reparadora nos resucitará, y nos hará perder el miedo a nosotros mismos y a los demás.

79.   El samaritano del camino se fue sin esperar reconocimientos ni gratitudes. La entrega al servicio era la gran satisfacción frente a su Dios

---

[60] Exhort. ap. *Evangelii gaudium* (24 noviembre 2013), 235: *AAS* 105 (2013), 1115.

y a su vida, y por eso, un deber. Todos tenemos responsabilidad sobre el herido que es el pueblo mismo y todos los pueblos de la tierra. Cuidemos la fragilidad de cada hombre, de cada mujer, de cada niño y de cada anciano, con esa actitud solidaria y atenta, la actitud de proximidad del buen samaritano.

80.   Jesús propuso esta parábola para responder a una pregunta: ¿Quién es mi prójimo? La palabra "prójimo" en la sociedad de la época de Jesús solía indicar al que es más cercano, próximo. Se entendía que la ayuda debía dirigirse en primer lugar al que pertenece al propio grupo, a la propia raza. Un samaritano, para algunos judíos de aquella época, era considerado un ser despreciable, impuro, y por lo tanto no se lo incluía dentro de los seres cercanos a quienes se debía ayudar. El judío Jesús transforma completamente este planteamiento: no nos invita a preguntarnos quiénes son los que están cerca de nosotros, sino a volvernos nosotros cercanos, prójimos.

81.   La propuesta es la de hacerse presentes ante el que necesita ayuda, sin importar si es parte del propio círculo de pertenencia. En este caso, el samaritano fue quien *se hizo prójimo* del judío herido. Para volverse cercano y presente, atravesó todas las barreras culturales e históricas. La conclusión de Jesús es un pedido: «Tienes que ir y hacer lo mismo» (*Lc* 10,37). Es decir, nos interpela a de-

jar de lado toda diferencia y, ante el sufrimiento, volvernos cercanos a cualquiera. Entonces, ya no digo que tengo "prójimos" a quienes debo ayudar, sino que me siento llamado a volverme yo un prójimo de los otros.

82. El problema es que Jesús destaca, a propósito, que el hombre herido era un judío —habitante de Judea— mientras quien se detuvo y lo auxilió era un samaritano —habitante de Samaría—. Este detalle tiene una importancia excepcional para reflexionar sobre un amor que se abre a todos. Los samaritanos habitaban una región que había sido contagiada por ritos paganos, y para los judíos esto los volvía impuros, detestables, peligrosos. De hecho, un antiguo texto judío que menciona a naciones odiadas, se refiere a Samaría afirmando además que «ni siquiera es una nación» (*Si* 50,25), y agrega que es «el pueblo necio que reside en Siquén» (v. 26).

83. Esto explica por qué una mujer samaritana, cuando Jesús le pidió de beber, respondió enfáticamente: «¿Cómo tú, siendo judío, me pides de beber a mí, que soy una mujer samaritana?» (*Jn* 4,9). Quienes buscaban acusaciones que pudieran desacreditar a Jesús, lo más ofensivo que encontraron fue decirle «endemoniado» y «samaritano» (*Jn* 8,48). Por lo tanto, este encuentro misericordioso entre un samaritano y un judío es una potente interpelación, que desmiente toda manipulación ideológica, para que ampliemos nuestro círculo, para que demos a nuestra capa-

cidad de amar una dimensión universal capaz de traspasar todos los prejuicios, todas las barreras históricas o culturales, todos los intereses mezquinos.

84.   Finalmente, recuerdo que en otra parte del Evangelio Jesús dice: «Fui forastero y me recibieron» (*Mt* 25,35). Jesús podía decir esas palabras porque tenía un corazón abierto que hacía suyos los dramas de los demás. San Pablo exhortaba: «Alégrense con los que están alegres y lloren con los que lloran» (*Rm* 12,15). Cuando el corazón asume esa actitud, es capaz de identificarse con el otro sin importarle dónde ha nacido o de dónde viene. Al entrar en esta dinámica, en definitiva experimenta que los demás son «su propia carne» (*Is* 58,7).

85.   Para los cristianos, las palabras de Jesús tienen también otra dimensión trascendente; implican reconocer al mismo Cristo en cada hermano abandonado o excluido (cf. *Mt* 25,40.45). En realidad, la fe colma de motivaciones inauditas el reconocimiento del otro, porque quien cree puede llegar a reconocer que Dios ama a cada ser humano con un amor infinito y que «con ello le confiere una dignidad infinita».[61] A esto se agre-

---

[61] S. Juan Pablo II, *Mensaje a los discapacitados*, Ángelus en Osnabrück – Alemania (16 noviembre 1980): *L'Osservatore Romano*, ed. semanal en lengua española (23 noviembre 1980), p. 9.

ga que creemos que Cristo derramó su sangre por todos y cada uno, por lo cual nadie queda fuera de su amor universal. Y si vamos a la fuente última, que es la vida íntima de Dios, nos encontramos con una comunidad de tres Personas, origen y modelo perfecto de toda vida en común. La teología continúa enriqueciéndose gracias a la reflexión sobre esta gran verdad.

86. A veces me asombra que, con semejantes motivaciones, a la Iglesia le haya llevado tanto tiempo condenar contundentemente la esclavitud y diversas formas de violencia. Hoy, con el desarrollo de la espiritualidad y de la teología, no tenemos excusas. Sin embargo, todavía hay quienes parecen sentirse alentados o al menos autorizados por su fe para sostener diversas formas de nacionalismos cerrados y violentos, actitudes xenófobas, desprecios e incluso maltratos hacia los que son diferentes. La fe, con el humanismo que encierra, debe mantener vivo un sentido crítico frente a estas tendencias, y ayudar a reaccionar rápidamente cuando comienzan a insinuarse. Para ello es importante que la catequesis y la predicación incluyan de modo más directo y claro el sentido social de la existencia, la dimensión fraterna de la espiritualidad, la convicción sobre la inalienable dignidad de cada persona y las motivaciones para amar y acoger a todos.

Capítulo tercero

PENSAR Y GESTAR
UN MUNDO ABIERTO

87.   Un ser humano está hecho de tal manera que no se realiza, no se desarrolla ni puede encontrar su plenitud «si no es en la entrega sincera de sí mismo a los demás».[62] Ni siquiera llega a reconocer a fondo su propia verdad si no es en el encuentro con los otros: «Sólo me comunico realmente conmigo mismo en la medida en que me comunico con el otro».[63] Esto explica por qué nadie puede experimentar el valor de vivir sin rostros concretos a quienes amar. Aquí hay un secreto de la verdadera existencia humana, porque «la vida subsiste donde hay vínculo, comunión, fraternidad; y es una vida más fuerte que la muerte cuando se construye sobre relaciones verdaderas y lazos de fidelidad. Por el contrario, no hay vida cuando pretendemos pertenecer sólo a nosotros mismos y vivir como islas: en estas actitudes prevalece la muerte».[64]

---

[62] Conc. Ecum. Vat. II, Const. past. *Gaudium et spes*, sobre la Iglesia en el mundo actual, 24.

[63] Gabriel Marcel, *Du refus à l'invocation*, ed. NRF, París 1940, 50; cf. Íd., *De la negación a la invocación*, en *Obras selectas*, ed. BAC, Madrid 2004, vol. 2, 41.

[64] *Ángelus* (10 noviembre 2019): *L'Osservatore Romano*, ed. semanal en lengua española (15 noviembre 2019), p. 3.

88.   Desde la intimidad de cada corazón, el amor crea vínculos y amplía la existencia cuando saca a la persona de sí misma hacia el otro.[65] Hechos para el amor, hay en cada uno de nosotros «una ley de éxtasis: salir de sí mismo para hallar en otro un crecimiento de su ser».[66] Por ello «en cualquier caso el hombre tiene que llevar a cabo esta empresa: salir de sí mismo».[67]

89.   Pero no puedo reducir mi vida a la relación con un pequeño grupo, ni siquiera a mi propia familia, porque es imposible entenderme sin un tejido más amplio de relaciones: no sólo el actual sino también el que me precede y me fue configurando a lo largo de mi vida. Mi relación con una persona que aprecio no puede ignorar que esa persona no vive sólo por su relación conmigo, ni yo vivo sólo por mi referencia a ella. Nuestra relación, si es sana y verdadera, nos abre a los otros que nos amplían y enriquecen. El más noble sentido social hoy fácilmente queda anulado detrás de intimismos egoístas con apariencia

---

[65] Cf. STO. TOMÁS DE AQUINO, *Scriptum super Sententiis*, lib. 3, dist. 27, q. 1, a. 1, ad 4: «Dicitur amor extasim facere, et fervere, quia quod fervet extra se bullit et exhalat» (se dice que el amor produce éxtasis y efervescencia puesto que lo efervescente bulle fuera de sí y expira).

[66] KAROL WOJTYŁA, *Amor y responsabilidad*, Madrid 1978, 136.

[67] KARL RAHNER, S.J., *El año litúrgico*, Barcelona 1966, 28. Obra original: *Kleines Kirchenjahr. Ein Gang durch den Festkreis*, ed. Herder, Friburgo 1981, 30.

de relaciones intensas. En cambio, el amor que es auténtico, que ayuda a crecer, y las formas más nobles de la amistad, residen en corazones que se dejan completar. La pareja y el amigo son para abrir el corazón en círculos, para volvernos capaces de salir de nosotros mismos hasta acoger a todos. Los grupos cerrados y las parejas autorreferenciales, que se constituyen en un "nosotros" contra todo el mundo, suelen ser formas idealizadas de egoísmo y de mera autopreservación.

90. Por algo muchas pequeñas poblaciones que sobrevivían en zonas desérticas desarrollaron una generosa capacidad de acogida ante los peregrinos que pasaban, y acuñaron el sagrado deber de la hospitalidad. Lo vivieron también las comunidades monásticas medievales, como se advierte en la Regla de san Benito. Aunque pudiera desestructurar el orden y el silencio de los monasterios, Benito reclamaba que a los pobres y peregrinos se los tratara «con el máximo cuidado y solicitud».[68] La hospitalidad es un modo concreto de no privarse de este desafío y de este don que es el encuentro con la humanidad más allá del propio grupo. Aquellas personas percibían que todos los valores que podían cultivar debían estar acompañados por esta capacidad de trascenderse en una apertura a los otros.

[68] *Regula*, 53, 15: « Pauperum et peregrinorum maxime susceptioni cura sollicite exhibeatur».

91.   Las personas pueden desarrollar algunas actitudes que presentan como valores morales: fortaleza, sobriedad, laboriosidad y otras virtudes. Pero para orientar adecuadamente los actos de las distintas virtudes morales, es necesario considerar también en qué medida estos realizan un dinamismo de apertura y unión hacia otras personas. Ese dinamismo es la caridad que Dios infunde. De otro modo, quizás tendremos sólo apariencia de virtudes, que serán incapaces de construir la vida en común. Por ello decía santo Tomás de Aquino —citando a san Agustín— que la templanza de una persona avara ni siquiera es virtuosa.[69] San Buenaventura, con otras palabras, explicaba que las otras virtudes, sin la caridad, estrictamente no cumplen los mandamientos «como Dios los entiende».[70]

92.   La altura espiritual de una vida humana está marcada por el amor, que es «el criterio para la decisión definitiva sobre la valoración positiva o negativa de una vida humana».[71] Sin embargo, hay creyentes que piensan que su grandeza está en la imposición de sus ideologías al resto, o en

---

[69] Cf. *Summa Theologiae*, II-II, q. 23, art. 7; S. Agustín, *Contra Julianum*, 4, 18: *PL* 44, 748: «De cuántos placeres se privan los avaros para aumentar sus tesoros o por el temor de verlos disminuir».

[70] «Secundum acceptionem divinam» (*Scriptum super Sententiis*, lib. 3, dist. 27, a. 1, q. 1, concl. 4).

[71] Benedicto XVI, Carta enc. *Deus caritas est* (25 diciembre 2005), 15: *AAS* 98 (2006), 230.

la defensa violenta de la verdad, o en grandes demostraciones de fortaleza. Todos los creyentes necesitamos reconocer esto: lo primero es el amor, lo que nunca debe estar en riesgo es el amor, el mayor peligro es no amar (cf. *1 Co* 13,1-13).

93. En un intento de precisar en qué consiste la experiencia de amar que Dios hace posible con su gracia, santo Tomás de Aquino la explicaba como un movimiento que centra la atención en el otro «considerándolo como uno consigo».[72] La atención afectiva que se presta al otro, provoca una orientación a buscar su bien gratuitamente. Todo esto parte de un aprecio, de una valoración, que en definitiva es lo que está detrás de la palabra "caridad": el ser amado es "caro" para mí, es decir, «es estimado como de alto valor».[73] Y «del amor por el cual a uno le es grata la otra persona depende que le dé algo gratis».[74]

94. El amor implica entonces algo más que una serie de acciones benéficas. Las acciones brotan de una unión que inclina más y más hacia el otro considerándolo valioso, digno, grato y bello, más allá de las apariencias físicas o morales. El amor al otro por ser quien es, nos mueve a buscar lo mejor para su vida. Sólo en el cultivo de esta forma de relacionarnos haremos posibles la amistad social que no excluye a nadie y la fraternidad abierta a todos.

---

[72] *Summa Theologiae* II-II, q. 27, art. 2, resp.
[73] *Ibíd.*, I-II, q. 26, art. 3, resp.
[74] *Ibíd.*, q. 110, art. 1, resp.

95. El amor nos pone finalmente en tensión hacia la comunión universal. Nadie madura ni alcanza su plenitud aislándose. Por su propia dinámica, el amor reclama una creciente apertura, mayor capacidad de acoger a otros, en una aventura nunca acabada que integra todas las periferias hacia un pleno sentido de pertenencia mutua. Jesús nos decía: «Todos ustedes son hermanos» (*Mt* 23,8).

96. Esta necesidad de ir más allá de los propios límites vale también para las distintas regiones y países. De hecho, «el número cada vez mayor de interdependencias y de comunicaciones que se entrecruzan en nuestro planeta hace más palpable la conciencia de que todas las naciones de la tierra [...] comparten un destino común. En los dinamismos de la historia, a pesar de la diversidad de etnias, sociedades y culturas, vemos sembrada la vocación de formar una comunidad compuesta de hermanos que se acogen recíprocamente y se preocupan los unos de los otros».[75]

Sociedades abiertas que integran a todos

97. Hay periferias que están cerca de nosotros, en el centro de una ciudad, o en la propia familia. También hay un aspecto de la apertura universal

---

[75] *Mensaje para la 47.ª Jornada Mundial de la Paz 1 enero 2014* (8 diciembre 2013), 1: *AAS* 106 (2014), 22; *L'Osservatore Romano,* ed. semanal en lengua española (13 diciembre 2013), p. 8.

del amor que no es geográfico sino existencial. Es la capacidad cotidiana de ampliar mi círculo, de llegar a aquellos que espontáneamente no siento parte de mi mundo de intereses, aunque estén cerca de mí. Por otra parte, cada hermana y hermano que sufre, abandonado o ignorado por mi sociedad es un forastero existencial, aunque haya nacido en el mismo país. Puede ser un ciudadano con todos los papeles, pero lo hacen sentir como un extranjero en su propia tierra. El racismo es un virus que muta fácilmente y en lugar de desaparecer se disimula, pero está siempre al acecho.

98.   Quiero recordar a esos "exiliados ocultos" que son tratados como cuerpos extraños en la sociedad.[76] Muchas personas con discapacidad «sienten que existen sin pertenecer y sin participar». Hay todavía mucho «que les impide tener una ciudadanía plena». El objetivo no es sólo cuidarlos, sino «que participen activamente en la comunidad civil y eclesial. Es un camino exigente y también fatigoso, que contribuirá cada vez más a la formación de conciencias capaces de reconocer a cada individuo como una persona única e irrepetible». Igualmente pienso en «los ancianos, que, también por su discapacidad, a veces se sienten como una carga». Sin embargo, todos pue-

---

[76] Cf. *Ángelus* (29 diciembre 2013): *L'Osservatore Romano*, ed. semanal en lengua española (3 enero 2014), pp. 2-3; *Discurso al Cuerpo diplomático acreditado ante la Santa Sede* (12 enero 2015): *AAS* 107 (2015), 165; *L'Osservatore Romano*, ed. semanal en lengua española (16 enero 2015), p. 10.

den dar «una contribución singular al bien común a través de su biografía original». Me permito insistir: «Tengan el valor de dar voz a quienes son discriminados por su discapacidad, porque desgraciadamente en algunas naciones, todavía hoy, se duda en reconocerlos como personas de igual dignidad».[77]

Comprensiones inadecuadas de un amor universal

99.   El amor que se extiende más allá de las fronteras tiene en su base lo que llamamos "amistad social" en cada ciudad o en cada país. Cuando es genuina, esta amistad social dentro de una sociedad es una condición de posibilidad de una verdadera apertura universal. No se trata del falso universalismo de quien necesita viajar constantemente porque no soporta ni ama a su propio pueblo. Quien mira a su pueblo con desprecio, establece en su propia sociedad categorías de primera o de segunda clase, de personas con más o menos dignidad y derechos. De esta manera niega que haya lugar para todos.

100. Tampoco estoy proponiendo un universalismo autoritario y abstracto, digitado o planificado por algunos y presentado como un supuesto sueño en orden a homogeneizar, dominar y expoliar. Hay un modelo de globalización que «conscientemente apunta a la uniformidad

---

[77] *Mensaje para el Día internacional de las personas con discapacidad* (3 diciembre 2019): *L'Osservatore Romano*, ed. semanal en lengua española (6 diciembre 2019), pp. 5.12.

unidimensional y busca eliminar todas las diferencias y tradiciones en una búsqueda superficial de la unidad. [...] Si una globalización pretende igualar a todos, como si fuera una esfera, esa globalización destruye la riqueza y la particularidad de cada persona y de cada pueblo».[78] Ese falso sueño universalista termina quitando al mundo su variado colorido, su belleza y en definitiva su humanidad. Porque «el futuro no es monocromático, sino que es posible si nos animamos a mirarlo en la variedad y en la diversidad de lo que cada uno puede aportar. Cuánto necesita aprender nuestra familia humana a vivir juntos en armonía y paz sin necesidad de que tengamos que ser todos igualitos».[79]

TRASCENDER UN MUNDO DE SOCIOS

101. Retomemos ahora aquella parábola del buen samaritano que todavía tiene mucho para proponernos. Había un hombre herido en el camino. Los personajes que pasaban a su lado no se concentraban en este llamado interior a volverse cercanos, sino en su función, en el lugar social que ellos ocupaban, en una profesión relevante en la sociedad. Se sentían importantes para la sociedad del momento y su urgencia era el rol que les toca-

---

[78] *Discurso en el Encuentro por la libertad religiosa con la comunidad hispana y otros inmigrantes*, Filadelfia – Estados Unidos (26 septiembre 2015): *AAS* 107 (2015), 1050-1051.

[79] *Discurso a los jóvenes*, Tokio – Japón (25 noviembre 2019): *L'Osservatore Romano*, ed. semanal en lengua española (29 noviembre 2019), p. 15.

ba cumplir. El hombre herido y abandonado en el camino era una molestia para ese proyecto, una interrupción, y a su vez era alguien que no cumplía función alguna. Era un nadie, no pertenecía a una agrupación que se considerara destacable, no tenía función alguna en la construcción de la historia. Mientras tanto, el samaritano generoso se resistía a estas clasificaciones cerradas, aunque él mismo quedaba fuera de cualquiera de estas categorías y era sencillamente un extraño sin un lugar propio en la sociedad. Así, libre de todo rótulo y estructura, fue capaz de interrumpir su viaje, de cambiar su proyecto, de estar disponible para abrirse a la sorpresa del hombre herido que lo necesitaba.

102.   ¿Qué reacción podría provocar hoy esa narración, en un mundo donde aparecen constantemente, y crecen, grupos sociales que se aferran a una identidad que los separa del resto? ¿Cómo puede conmover a quienes tienden a organizarse de tal manera que se impida toda presencia extraña que pueda perturbar esa identidad y esa organización autoprotectora y autorreferencial? En ese esquema queda excluida la posibilidad de volverse prójimo, y sólo es posible ser prójimo de quien permita asegurar los beneficios personales. Así la palabra "prójimo" pierde todo significado, y únicamente cobra sentido la palabra "socio", el asociado por determinados intereses.[80]

---

[80] En estas consideraciones me dejo inspirar por el pensamiento de Paul Ricoeur, « Le socius et le prochain », en *Histoire et vérité*, ed. Le Seuil, París 1967, 113-127.

103.   La fraternidad no es sólo resultado de condiciones de respeto a las libertades individuales, ni siquiera de cierta equidad administrada. Si bien son condiciones de posibilidad no bastan para que ella surja como resultado necesario. La fraternidad tiene algo positivo que ofrecer a la libertad y a la igualdad. ¿Qué ocurre sin la fraternidad cultivada conscientemente, sin una voluntad política de fraternidad, traducida en una educación para la fraternidad, para el diálogo, para el descubrimiento de la reciprocidad y el enriquecimiento mutuo como valores? Lo que sucede es que la libertad enflaquece, resultando así más una condición de soledad, de pura autonomía para pertenecer a alguien o a algo, o sólo para poseer y disfrutar. Esto no agota en absoluto la riqueza de la libertad que está orientada sobre todo al amor.

104.   Tampoco la igualdad se logra definiendo en abstracto que "todos los seres humanos son iguales", sino que es el resultado del cultivo consciente y pedagógico de la fraternidad. Los que únicamente son capaces de ser socios crean mundos cerrados. ¿Qué sentido puede tener en este esquema esa persona que no pertenece al círculo de los socios y llega soñando con una vida mejor para sí y para su familia?

105.   El individualismo no nos hace más libres, más iguales, más hermanos. La mera suma de los intereses individuales no es capaz de generar un

mundo mejor para toda la humanidad. Ni siquiera puede preservarnos de tantos males que cada vez se vuelven más globales. Pero el individualismo radical es el virus más difícil de vencer. Engaña. Nos hace creer que todo consiste en dar rienda suelta a las propias ambiciones, como si acumulando ambiciones y seguridades individuales pudiéramos construir el bien común.

Amor universal que promueve a las personas

106.	Hay un reconocimiento básico, esencial para caminar hacia la amistad social y la fraternidad universal: percibir cuánto vale un ser humano, cuánto vale una persona, siempre y en cualquier circunstancia. Si cada uno vale tanto, hay que decir con claridad y firmeza que «el solo hecho de haber nacido en un lugar con menores recursos o menor desarrollo no justifica que algunas personas vivan con menor dignidad».[81] Este es un principio elemental de la vida social que suele ser ignorado de distintas maneras por quienes sienten que no aporta a su cosmovisión o no sirve a sus fines.

107.	Todo ser humano tiene derecho a vivir con dignidad y a desarrollarse integralmente, y ese derecho básico no puede ser negado por ningún país. Lo tiene aunque sea poco eficiente, aunque haya nacido o crecido con limitaciones.

[81] Exhort. ap. *Evangelii gaudium* (24 noviembre 2013), 190: *AAS* 105 (2013), 1100.

Porque eso no menoscaba su inmensa dignidad como persona humana, que no se fundamenta en las circunstancias sino en el valor de su ser. Cuando este principio elemental no queda a salvo, no hay futuro ni para la fraternidad ni para la sobrevivencia de la humanidad.

108.   Hay sociedades que acogen parcialmente este principio. Aceptan que haya posibilidades para todos, pero sostienen que a partir de allí todo depende de cada uno. Desde esa perspectiva parcial no tendría sentido «invertir para que los lentos, débiles o menos dotados puedan abrirse camino en la vida».[82] Invertir a favor de los frágiles puede no ser rentable, puede implicar menor eficiencia. Exige un Estado presente y activo, e instituciones de la sociedad civil que vayan más allá de la libertad de los mecanismos eficientistas de determinados sistemas económicos, políticos o ideológicos, porque realmente se orientan en primer lugar a las personas y al bien común.

109.   Algunos nacen en familias de buena posición económica, reciben buena educación, crecen bien alimentados, o poseen naturalmente capacidades destacadas. Ellos seguramente no necesitarán un Estado activo y sólo reclamarán libertad. Pero evidentemente no cabe la misma regla para una persona con discapacidad, para alguien que nació en un hogar extremadamente

---

[82] *Ibíd.*, 209: *AAS* 105 (2013), 1107.

pobre, para alguien que creció con una educación de baja calidad y con escasas posibilidades de curar adecuadamente sus enfermedades. Si la sociedad se rige primariamente por los criterios de la libertad de mercado y de la eficiencia, no hay lugar para ellos, y la fraternidad será una expresión romántica más.

110. El hecho es que «una libertad económica sólo declamada, pero donde las condiciones reales impiden que muchos puedan acceder realmente a ella [...] se convierte en un discurso contradictorio».[83] Palabras como libertad, democracia o fraternidad se vacían de sentido. Porque el hecho es que «mientras nuestro sistema económico y social produzca una sola víctima y haya una sola persona descartada, no habrá una fiesta de fraternidad universal».[84] Una sociedad humana y fraterna es capaz de preocuparse para garantizar de modo eficiente y estable que todos sean acompañados en el recorrido de sus vidas, no sólo para asegurar sus necesidades básicas, sino para que puedan dar lo mejor de sí, aunque su rendimiento no sea el mejor, aunque vayan lento, aunque su eficiencia sea poco destacada.

111. La persona humana, con sus derechos inalienables, está naturalmente abierta a los víncu-

---

[83] Carta enc. *Laudato si'* (24 mayo 2015), 129: *AAS* 107 (2015), 899.
[84] *Mensaje para el evento "Economy of Francesco"* (1 mayo 2019): *L'Osservatore Romano,* ed. semanal en lengua española (17 mayo 2019), p. 5.

los. En su propia raíz reside el llamado a trascenderse a sí misma en el encuentro con otros. Por eso «es necesario prestar atención para no caer en algunos errores que pueden nacer de una mala comprensión de los derechos humanos y de un paradójico mal uso de los mismos. Existe hoy, en efecto, la tendencia hacia una reivindicación siempre más amplia de los derechos individuales —estoy tentado de decir individualistas—, que esconde una concepción de persona humana desligada de todo contexto social y antropológico, casi como una "mónada" (*monás*), cada vez más insensible. [...] Si el derecho de cada uno no está armónicamente ordenado al bien más grande, termina por concebirse sin limitaciones y, consecuentemente, se transforma en fuente de conflictos y de violencias».[85]

PROMOVER EL BIEN MORAL

112. No podemos dejar de decir que el deseo y la búsqueda del bien de los demás y de toda la humanidad implican también procurar una maduración de las personas y de las sociedades en los distintos valores morales que lleven a un desarrollo humano integral. En el Nuevo Testamento se menciona un fruto del Espíritu Santo (cf. *Ga* 5,22), expresado con la palabra griega *agazosúne*. Indica el apego a lo bueno, la búsqueda de

---

[85] *Discurso al Parlamento europeo*, Estrasburgo (25 noviembre 2014): *AAS* 106 (2014), 997; *L'Osservatore Romano*, ed. semanal en lengua española (28 noviembre 2014), p. 3.

73

lo bueno. Más todavía, es procurar lo excelente, lo mejor para los demás: su maduración, su crecimiento en una vida sana, el cultivo de los valores y no sólo el bienestar material. Hay una expresión latina semejante: *bene-volentia*, que significa la actitud de querer el bien del otro. Es un fuerte deseo del bien, una inclinación hacia todo lo que sea bueno y excelente, que nos mueve a llenar la vida de los demás de cosas bellas, sublimes, edificantes.

113.   En esta línea, vuelvo a destacar con dolor que «ya hemos tenido mucho tiempo de degradación moral, burlándonos de la ética, de la bondad, de la fe, de la honestidad, y llegó la hora de advertir que esa alegre superficialidad nos ha servido de poco. Esa destrucción de todo fundamento de la vida social termina enfrentándonos unos con otros para preservar los propios intereses».[86] Volvamos a promover el bien, para nosotros mismos y para toda la humanidad, y así caminaremos juntos hacia un crecimiento genuino e integral. Cada sociedad necesita asegurar que los valores se transmitan, porque si esto no sucede se difunde el egoísmo, la violencia, la corrupción en sus diversas formas, la indiferencia y, en definitiva, una vida cerrada a toda trascendencia y clausurada en intereses individuales.

[86] Carta enc. *Laudato si'* (24 mayo 2015), 229: *AAS* 107 (2015), 937.

114.   Quiero destacar la solidaridad, que «como virtud moral y actitud social, fruto de la conversión personal, exige el compromiso de todos aquellos que tienen responsabilidades educativas y formativas. En primer lugar me dirijo a las familias, llamadas a una misión educativa primaria e imprescindible. Ellas constituyen el primer lugar en el que se viven y se transmiten los valores del amor y de la fraternidad, de la convivencia y del compartir, de la atención y del cuidado del otro. Ellas son también el ámbito privilegiado para la transmisión de la fe desde aquellos primeros simples gestos de devoción que las madres enseñan a los hijos. Los educadores y los formadores que, en la escuela o en los diferentes centros de asociación infantil y juvenil, tienen la ardua tarea de educar a los niños y jóvenes, están llamados a tomar conciencia de que su responsabilidad tiene que ver con las dimensiones morales, espirituales y sociales de la persona. Los valores de la libertad, del respeto recíproco y de la solidaridad se transmiten desde la más tierna infancia. [...] Quienes se dedican al mundo de la cultura y de los medios de comunicación social tienen también una responsabilidad en el campo de la educación y la formación, especialmente en la sociedad contemporánea, en la que el acceso a los instrumentos de formación y de comunicación está cada vez más extendido».[87]

---

[87] *Mensaje para la 49.ª Jornada Mundial de la Paz 1 enero 2016* (8 diciembre 2015), 6: *AAS* 108 (2016), 57-58; *L'Osservatore Romano*, ed. semanal en lengua española (18-25 diciembre 2015), p. 10.

115. En estos momentos donde todo parece diluirse y perder consistencia, nos hace bien apelar a la solidez[88] que surge de sabernos responsables de la fragilidad de los demás buscando un destino común. La solidaridad se expresa concretamente en el servicio, que puede asumir formas muy diversas de hacerse cargo de los demás. El servicio es «en gran parte, cuidar la fragilidad. Servir significa cuidar a los frágiles de nuestras familias, de nuestra sociedad, de nuestro pueblo». En esta tarea cada uno es capaz de «dejar de lado sus búsquedas, afanes, deseos de omnipotencia ante la mirada concreta de los más frágiles. [...] El servicio siempre mira el rostro del hermano, toca su carne, siente su projimidad y hasta en algunos casos la "padece" y busca la promoción del hermano. Por eso nunca el servicio es ideológico, ya que no se sirve a ideas, sino que se sirve a personas».[89]

116. Los últimos en general «practican esa solidaridad tan especial que existe entre los que sufren, entre los pobres, y que nuestra civilización parece haber olvidado, o al menos tiene muchas ganas de olvidar. Solidaridad es una palabra que no cae bien siempre, yo diría que algunas veces

---

[88] La solidez está en la raíz etimológica de la palabra solidaridad. La solidaridad, en el significado ético-político que esta ha asumido en los últimos dos siglos, da lugar a una construcción social segura y firme.

[89] *Homilía durante la Santa Misa*, La Habana – Cuba (20 septiembre 2015): *L'Osservatore Romano*, ed. semanal en lengua española (25 septiembre 2015), p. 3.

la hemos transformado en una mala palabra, no se puede decir; pero es una palabra que expresa mucho más que algunos actos de generosidad esporádicos. Es pensar y actuar en términos de comunidad, de prioridad de la vida de todos sobre la apropiación de los bienes por parte de algunos. También es luchar contra las causas estructurales de la pobreza, la desigualdad, la falta de trabajo, de tierra y de vivienda, la negación de los derechos sociales y laborales. Es enfrentar los destructores efectos del Imperio del dinero. […] La solidaridad, entendida en su sentido más hondo, es un modo de hacer historia y eso es lo que hacen los movimientos populares».[90]

117.   Cuando hablamos de cuidar la casa común que es el planeta, acudimos a ese mínimo de conciencia universal y de preocupación por el cuidado mutuo que todavía puede quedar en las personas. Porque si alguien tiene agua de sobra, y sin embargo la cuida pensando en la humanidad, es porque ha logrado una altura moral que le permite trascenderse a sí mismo y a su grupo de pertenencia. ¡Eso es maravillosamente humano! Esta misma actitud es la que se requiere para reconocer los derechos de todo ser humano, aunque haya nacido más allá de las propias fronteras.

---

[90] *Discurso a los participantes en el Encuentro mundial de Movimientos populares* (28 octubre 2014): *AAS* 106 (2014), 851-852.

118.   El mundo existe para todos, porque todos los seres humanos nacemos en esta tierra con la misma dignidad. Las diferencias de color, religión, capacidades, lugar de nacimiento, lugar de residencia y tantas otras no pueden anteponerse o utilizarse para justificar los privilegios de unos sobre los derechos de todos. Por consiguiente, como comunidad estamos conminados a garantizar que cada persona viva con dignidad y tenga oportunidades adecuadas a su desarrollo integral.

119.   En los primeros siglos de la fe cristiana, varios sabios desarrollaron un sentido universal en su reflexión sobre el destino común de los bienes creados.[91] Esto llevaba a pensar que si alguien no tiene lo suficiente para vivir con dignidad se debe a que otro se lo está quedando. Lo resume san Juan Crisóstomo al decir que «no compartir con los pobres los propios bienes es robarles y quitarles la vida. No son nuestros los bienes que tenemos, sino suyos»;[92] o también en palabras de san Gregorio Magno: «Cuando damos a los pobres las cosas indispensables no les damos nuestras cosas, sino que les devolvemos lo que es suyo».[93]

---

[91] Cf. S. Basilio, *Homilia 21. Quod rebus mundanis adhaerendum non sit*, 3, 5: *PG* 31, 545-549; *Regulae brevius tractatae* 92: *PG* 31, 1145-1148; S. Pedro Crisólogo, *Sermo* 123: *PL* 52, 536-540; S. Ambrosio, *De Nabuthe* 27.52: *PL* 14, 738s; S. Agustín, *In Iohannis Evangelium* 6, 25: *PL* 35, 1436s.

[92] *De Lazaro Concio* 2, 6: *PG* 48, 992D.

[93] *Regula pastoralis* 3, 21: *PL* 77, 87.

120.   Vuelvo a hacer mías y a proponer a todos unas palabras de san Juan Pablo II cuya contundencia quizás no ha sido advertida: «Dios ha dado la tierra a todo el género humano para que ella sustente a todos sus habitantes, sin excluir a nadie ni privilegiar a ninguno».[94] En esta línea recuerdo que «la tradición cristiana nunca reconoció como absoluto o intocable el derecho a la propiedad privada y subrayó la función social de cualquier forma de propiedad privada».[95] El principio del uso común de los bienes creados para todos es el «primer principio de todo el ordenamiento ético-social»,[96] es un derecho natural, originario y prioritario.[97] Todos los demás derechos sobre los bienes necesarios para la realización integral de las personas, incluidos el de la propiedad privada y cualquier otro, «no deben estorbar, antes al contrario, facilitar su realización», como afirmaba san Pablo VI.[98] El derecho a la propiedad privada sólo puede ser considerado como un derecho natural secundario y derivado del principio del destino universal de los bienes creados, y esto tiene consecuencias muy concretas que deben reflejarse en el funcionamiento de la so-

---

[94] Carta enc. *Centesimus annus* (1 mayo 1991), 31: *AAS* 83 (1991), 831.

[95] Carta enc. *Laudato si'* (24 mayo 2015), 93: *AAS* 107 (2015), 884.

[96] S. Juan Pablo II, Carta enc. *Laborem exercens* (14 septiembre 1981), 19: *AAS* 73 (1981), 626.

[97] Cf. Consejo Pontificio Justicia y Paz, *Compendio de la doctrina social de la Iglesia*, 172.

[98] Carta enc. *Populorum progressio* (26 marzo 1967), 22: *AAS* 59 (1967), 268.

ciedad. Pero sucede con frecuencia que los derechos secundarios se sobreponen a los prioritarios y originarios, dejándolos sin relevancia práctica.

Derechos sin fronteras

121.   Entonces nadie puede quedar excluido, no importa dónde haya nacido, y menos a causa de los privilegios que otros poseen porque nacieron en lugares con mayores posibilidades. Los límites y las fronteras de los Estados no pueden impedir que esto se cumpla. Así como es inaceptable que alguien tenga menos derechos por ser mujer, es igualmente inaceptable que el lugar de nacimiento o de residencia ya de por sí determine menores posibilidades de vida digna y de desarrollo.

122.   El desarrollo no debe orientarse a la acumulación creciente de unos pocos, sino que tiene que asegurar «los derechos humanos, personales y sociales, económicos y políticos, incluidos los derechos de las Naciones y de los pueblos».[99] El derecho de algunos a la libertad de empresa o de mercado no puede estar por encima de los derechos de los pueblos, ni de la dignidad de los pobres, ni tampoco del respeto al medio ambiente, puesto que «quien se apropia algo es sólo para administrarlo en bien de todos».[100]

---

[99] S. Juan Pablo II, Carta enc. *Sollicitudo rei socialis* (30 diciembre 1987), 33: *AAS* 80 (1988), 557.

[100] Carta enc. *Laudato si'* (24 mayo 2015), 95: *AAS* 107 (2015), 885.

123. Es verdad que la actividad de los empresarios «es una noble vocación orientada a producir riqueza y a mejorar el mundo para todos».[101] Dios nos promueve, espera que desarrollemos las capacidades que nos dio y llenó el universo de potencialidades. En sus designios cada hombre está llamado a promover su propio progreso,[102] y esto incluye fomentar las capacidades económicas y tecnológicas para hacer crecer los bienes y aumentar la riqueza. Pero en todo caso estas capacidades de los empresarios, que son un don de Dios, tendrían que orientarse claramente al desarrollo de las demás personas y a la superación de la miseria, especialmente a través de la creación de fuentes de trabajo diversificadas. Siempre, junto al derecho de propiedad privada, está el más importante y anterior principio de la subordinación de toda propiedad privada al destino universal de los bienes de la tierra y, por tanto, el derecho de todos a su uso.[103]

Derechos de los pueblos

124. La convicción del destino común de los bienes de la tierra hoy requiere que se aplique también a los países, a sus territorios y a sus posi-

---

[101] *Ibíd.*, 129: *AAS* 107 (2015), 899.

[102] Cf. S. PABLO VI, Carta enc. *Populorum progressio* (26 marzo 1967), 15: *AAS* 59 (1967), 265; BENEDICTO XVI, Carta enc. *Caritas in veritate* (29 junio 2009), 16: *AAS* 101 (2009), 652.

[103] Cf. Carta enc. *Laudato si'* (24 mayo 2015), 93: *AAS* 107 (2015), 884-885; Exhort. ap. *Evangelii gaudium* (24 noviembre 2013), 189-190: *AAS* 105 (2013), 1099-1100.

bilidades. Si lo miramos no sólo desde la legitimidad de la propiedad privada y de los derechos de los ciudadanos de una determinada nación, sino también desde el primer principio del destino común de los bienes, entonces podemos decir que cada país es asimismo del extranjero, en cuanto los bienes de un territorio no deben ser negados a una persona necesitada que provenga de otro lugar. Porque, como enseñaron los Obispos de los Estados Unidos, hay derechos fundamentales que «preceden a cualquier sociedad porque manan de la dignidad otorgada a cada persona en cuanto creada por Dios».[104]

125. Esto supone además otra manera de entender las relaciones y el intercambio entre países. Si toda persona tiene una dignidad inalienable, si todo ser humano es mi hermano o mi hermana, y si en realidad el mundo es de todos, no importa si alguien ha nacido aquí o si vive fuera de los límites del propio país. También mi nación es corresponsable de su desarrollo, aunque pueda cumplir esta responsabilidad de diversas maneras: acogiéndolo de manera generosa cuando lo necesite imperiosamente, promoviéndolo en su propia tierra, no usufructuando ni vaciando de recursos naturales a países enteros propiciando sistemas corruptos que impiden el desarrollo digno de los pueblos. Esto que vale para las naciones se aplica

<hr>

[104] Conferencia de Obispos Católicos de Estados Unidos, *Abramos nuestros corazones: El incesante llamado al amor. Carta pastoral contra el racismo* (noviembre 2018).

a las distintas regiones de cada país, entre las que suele haber graves inequidades. Pero la incapacidad de reconocer la igual dignidad humana a veces lleva a que las regiones más desarrolladas de algunos países sueñen con liberarse del "lastre" de las regiones más pobres para aumentar todavía más su nivel de consumo.

126.   Hablamos de una nueva red en las relaciones internacionales, porque no hay modo de resolver los graves problemas del mundo pensando sólo en formas de ayuda mutua entre individuos o pequeños grupos. Recordemos que «la inequidad no afecta sólo a individuos, sino a países enteros, y obliga a pensar en una ética de las relaciones internacionales».[105] Y la justicia exige reconocer y respetar no sólo los derechos individuales, sino también los derechos sociales y los derechos de los pueblos.[106] Lo que estamos diciendo implica asegurar «el derecho fundamental de los pueblos a la subsistencia y al progreso»,[107] que a veces se ve fuertemente dificultado por la presión que origina la deuda externa. El pago de la deuda en muchas ocasiones no sólo no favorece el desarrollo, sino que lo limita y lo condiciona fuertemente. Si bien se mantiene el principio de que toda deuda legítimamente adquirida debe ser saldada, el

---

[105] Carta enc. *Laudato si'* (24 mayo 2015), 51: *AAS* 107 (2015), 867.

[106] Cf. BENEDICTO XVI, Carta enc. *Caritas in veritate* (29 junio 2009), 6: *AAS* 101 (2009), 644.

[107] S. JUAN PABLO II, Carta enc. *Centesimus annus* (1 mayo 1991), 35: *AAS* 83 (1991), 838.

modo de cumplir este deber que muchos países pobres tienen con los países ricos no debe llegar a comprometer su subsistencia y su crecimiento.

127.   Sin dudas, se trata de otra lógica. Si no se intenta entrar en esa lógica, mis palabras sonarán a fantasía. Pero si se acepta el gran principio de los derechos que brotan del solo hecho de poseer la inalienable dignidad humana, es posible aceptar el desafío de soñar y pensar en otra humanidad. Es posible anhelar un planeta que asegure tierra, techo y trabajo para todos. Este es el verdadero camino de la paz, y no la estrategia carente de sentido y corta de miras de sembrar temor y desconfianza ante amenazas externas. Porque la paz real y duradera sólo es posible «desde una ética global de solidaridad y cooperación al servicio de un futuro plasmado por la interdependencia y la corresponsabilidad entre toda la familia humana».[108]

---

[108] *Discurso sobre las armas nucleares*, Nagasaki – Japón (24 noviembre 2019): *L'Osservatore Romano,* ed. semanal en lengua española (29 noviembre 2019), p. 11.

Capítulo Cuarto

UN CORAZÓN ABIERTO
AL MUNDO ENTERO

128. La afirmación de que todos los seres humanos somos hermanos y hermanas, si no es sólo una abstracción, sino que toma carne y se vuelve concreta, nos plantea una serie de retos que nos descolocan, nos obligan a asumir nuevas perspectivas y a desarrollar nuevas reacciones.

El límite de las fronteras

129. Cuando el prójimo es una persona migrante se agregan desafíos complejos.[109] Es verdad que lo ideal sería evitar las migraciones innecesarias y para ello el camino es crear en los países de origen la posibilidad efectiva de vivir y de crecer con dignidad, de manera que se puedan encontrar allí mismo las condiciones para el propio desarrollo integral. Pero mientras no haya serios avances en esta línea, nos corresponde respetar el derecho de todo ser humano de encontrar un lugar donde pueda no solamente satisfacer sus necesidades básicas y las de su familia, sino también

---

[109] Cf. Obispos católicos de México y los Estados Unidos, Carta pastoral *Juntos en el camino de la esperanza ya no somos extranjeros* (enero 2003).

realizarse integralmente como persona. Nuestros esfuerzos ante las personas migrantes que llegan pueden resumirse en cuatro verbos: acoger, proteger, promover e integrar. Porque «no se trata de dejar caer desde arriba programas de asistencia social sino de recorrer juntos un camino a través de estas cuatro acciones, para construir ciudades y países que, al tiempo que conservan sus respectivas identidades culturales y religiosas, estén abiertos a las diferencias y sepan cómo valorarlas en nombre de la fraternidad humana».[110]

130. Esto implica algunas respuestas indispensables, sobre todo frente a los que escapan de graves crisis humanitarias. Por ejemplo: incrementar y simplificar la concesión de visados, adoptar programas de patrocinio privado y comunitario, abrir corredores humanitarios para los refugiados más vulnerables, ofrecer un alojamiento adecuado y decoroso, garantizar la seguridad personal y el acceso a los servicios básicos, asegurar una adecuada asistencia consular, el derecho a tener siempre consigo los documentos personales de identidad, un acceso equitativo a la justicia, la posibilidad de abrir cuentas bancarias y la garantía de lo básico para la subsistencia vital, darles libertad de movimiento y la posibilidad de trabajar, proteger a los menores de edad y asegurarles el acceso regular a la educación, prever programas de custodia temporal o de acogida, garantizar la libertad

---

[110] *Audiencia general* (3 abril 2019): *L'Osservatore Romano*, ed. semanal en lengua española (5 abril 2019), p. 20.

religiosa, promover su inserción social, favorecer la reagrupación familiar y preparar a las comunidades locales para los procesos integrativos.[111]

131.　Para quienes ya hace tiempo que han llegado y participan del tejido social, es importante aplicar el concepto de "ciudadanía", que «se basa en la igualdad de derechos y deberes bajo cuya protección todos disfrutan de la justicia. Por esta razón, es necesario comprometernos para establecer en nuestra sociedad el concepto de *plena ciudadanía* y renunciar al uso discriminatorio de la palabra *minorías*, que trae consigo las semillas de sentirse aislado e inferior; prepara el terreno para la hostilidad y la discordia y quita los logros y los derechos religiosos y civiles de algunos ciudadanos al discriminarlos».[112]

132.　Más allá de las diversas acciones indispensables, los Estados no pueden desarrollar por su cuenta soluciones adecuadas «ya que las consecuencias de las opciones de cada uno repercuten inevitablemente sobre toda la Comunidad internacional». Por lo tanto «las respuestas sólo vendrán como fruto de un trabajo común»,[113]

---

[111] Cf. *Mensaje para la 104.ª Jornada Mundial del Migrante y del Refugiado* (14 enero 2018): *AAS* 109 (2017), 918-923; *L'Osservatore Romano*, ed. semanal en lengua española (19 enero 2018), p. 2.

[112] *Documento sobre la fraternidad humana por la paz mundial y la convivencia común*, Abu Dabi (4 febrero 2019): *L'Osservatore Romano*, ed. semanal en lengua española (8 febrero 2019), p. 10.

[113] *Discurso al Cuerpo diplomático acreditado ante la Santa Sede* (11 enero 2016): *AAS* 108 (2016), 124; *L'Osservatore Romano*, ed. semanal en lengua española (15 enero 2016), p. 8.

gestando una legislación (*governance*) global para las migraciones. De cualquier manera se necesita «establecer planes a medio y largo plazo que no se queden en la simple respuesta a una emergencia. Deben servir, por una parte, para ayudar realmente a la integración de los emigrantes en los países de acogida y, al mismo tiempo, favorecer el desarrollo de los países de proveniencia, con políticas solidarias, que no sometan las ayudas a estrategias y prácticas ideológicas ajenas o contrarias a las culturas de los pueblos a las que van dirigidas».[114]

LAS OFRENDAS RECÍPROCAS

133. La llegada de personas diferentes, que proceden de un contexto vital y cultural distinto, se convierte en un don, porque «las historias de los migrantes también son historias de encuentro entre personas y entre culturas: para las comunidades y las sociedades a las que llegan son una oportunidad de enriquecimiento y de desarrollo humano integral de todos».[115] Por esto «pido especialmente a los jóvenes que no caigan en las redes de quienes quieren enfrentarlos a otros jóvenes que llegan a sus países, haciéndolos ver como seres peligrosos y como si no tuvieran la misma inalienable dignidad de todo ser humano».[116]

---

[114] *Ibíd.*, 122; *L'Osservatore Romano*, ed. semanal en lengua española (15 enero 2016), p. 8.

[115] Exhort. ap. postsin. *Christus vivit* (25 marzo 2019), 93.

[116] *Ibíd.*, 94.

134. Por otra parte, cuando se acoge de corazón a la persona diferente, se le permite seguir siendo ella misma, al tiempo que se le da la posibilidad de un nuevo desarrollo. Las culturas diversas, que han gestado su riqueza a lo largo de siglos, deben ser preservadas para no empobrecer este mundo. Esto sin dejar de estimularlas para que pueda brotar algo nuevo de sí mismas en el encuentro con otras realidades. No se puede ignorar el riesgo de terminar víctimas de una esclerosis cultural. Para ello «tenemos necesidad de comunicarnos, de descubrir las riquezas de cada uno, de valorar lo que nos une y ver las diferencias como oportunidades de crecimiento en el respeto de todos. Se necesita un diálogo paciente y confiado, para que las personas, las familias y las comunidades puedan transmitir los valores de su propia cultura y acoger lo que hay de bueno en la experiencia de los demás».[117]

135. Retomo ejemplos que mencioné tiempo atrás: la cultura de los latinos es «un fermento de valores y posibilidades que puede hacer mucho bien a los Estados Unidos. [...] Una fuerte inmigración siempre termina marcando y transformando la cultura de un lugar. En la Argentina, la fuerte inmigración italiana ha marcado la cultura de la sociedad, y en el estilo cultural de Buenos Aires se nota mucho la presencia de alrededor de

---

[117] *Discurso a las autoridades*, Sarajevo – Bosnia-Herzegovina (6 junio 2015): *L'Osservatore Romano*, ed. semanal en lengua española (12 junio 2015), p. 5.

200.000 judíos. Los inmigrantes, si se los ayuda a integrarse, son una bendición, una riqueza y un nuevo don que invita a una sociedad a crecer».[118]

136.   Ampliando la mirada, con el Gran Imán Ahmad Al-Tayyeb recordamos que «la relación entre Occidente y Oriente es una necesidad mutua indiscutible, que no puede ser sustituida ni descuidada, de modo que ambos puedan enriquecerse mutuamente a través del intercambio y el diálogo de las culturas. El Occidente podría encontrar en la civilización del Oriente los remedios para algunas de sus enfermedades espirituales y religiosas causadas por la dominación del materialismo. Y el Oriente podría encontrar en la civilización del Occidente muchos elementos que pueden ayudarlo a salvarse de la debilidad, la división, el conflicto y el declive científico, técnico y cultural. Es importante prestar atención a las diferencias religiosas, culturales e históricas que son un componente esencial en la formación de la personalidad, la cultura y la civilización oriental; y es importante consolidar los derechos humanos generales y comunes, para ayudar a garantizar una vida digna para todos los hombres en Oriente y en Occidente, evitando el uso de políticas de doble medida».[119]

---

[118] *Latinoamérica. Conversaciones con Hernán Reyes Alcaide*, ed. Planeta, Buenos Aires 2017, 105.

[119] *Documento sobre la fraternidad humana por la paz mundial y la convivencia común*, Abu Dabi (4 febrero 2019): *L'Osservatore Romano*, ed. semanal en lengua española (8 febrero 2019), p. 10.

137. La ayuda mutua entre países en realidad termina beneficiando a todos. Un país que progresa desde su original sustrato cultural es un tesoro para toda la humanidad. Necesitamos desarrollar esta consciencia de que hoy o nos salvamos todos o no se salva nadie. La pobreza, la decadencia, los sufrimientos de un lugar de la tierra son un silencioso caldo de cultivo de problemas que finalmente afectarán a todo el planeta. Si nos preocupa la desaparición de algunas especies, debería obsesionarnos que en cualquier lugar haya personas y pueblos que no desarrollen su potencial y su belleza propia a causa de la pobreza o de otros límites estructurales. Porque eso termina empobreciéndonos a todos.

138. Si esto fue siempre cierto, hoy lo es más que nunca debido a la realidad de un mundo tan conectado por la globalización. Necesitamos que un ordenamiento mundial jurídico, político y económico «incremente y oriente la colaboración internacional hacia el desarrollo solidario de todos los pueblos».[120] Esto finalmente beneficiará a todo el planeta, porque «la ayuda al desarrollo de los países pobres» implica «creación de riqueza para todos».[121] Desde el punto de vista del desarrollo integral, esto supone que se con-

---

[120] BENEDICTO XVI, Carta enc. *Caritas in veritate* (29 junio 2009), 67: *AAS* 101 (2009), 700.
[121] *Ibíd.*, 60: *AAS* 101 (2009), 695.

ceda «también una voz eficaz en las decisiones comunes a las naciones más pobres»[122] y que se procure «incentivar el acceso al mercado internacional de los países marcados por la pobreza y el subdesarrollo».[123]

Gratuidad que acoge

139.   No obstante, no quisiera limitar este planteamiento a alguna forma de utilitarismo. Existe la gratuidad. Es la capacidad de hacer algunas cosas porque sí, porque son buenas en sí mismas, sin esperar ningún resultado exitoso, sin esperar inmediatamente algo a cambio. Esto permite acoger al extranjero, aunque de momento no traiga un beneficio tangible. Pero hay países que pretenden recibir sólo a los científicos o a los inversores.

140.   Quien no vive la gratuidad fraterna, convierte su existencia en un comercio ansioso, está siempre midiendo lo que da y lo que recibe a cambio. Dios, en cambio, da gratis, hasta el punto de que ayuda aun a los que no son fieles, y «hace salir el sol sobre malos y buenos» (*Mt* 5,45). Por algo Jesús recomienda: «Cuando tú des limosna, que tu mano izquierda no sepa lo que hace tu derecha, para que tu limosna quede en secreto» (*Mt* 6,3-4). Hemos recibido la vida gratis, no hemos

---

[122] *Ibíd.*, 67: *AAS* 101 (2009), 700.
[123] Consejo Pontificio Justicia y Paz, *Compendio de la doctrina social de la Iglesia*, 447.

pagado por ella. Entonces todos podemos dar sin esperar algo, hacer el bien sin exigirle tanto a esa persona que uno ayuda. Es lo que Jesús decía a sus discípulos: «Lo que han recibido gratis, entréguenlo también gratis» (*Mt* 10,8).

141.   La verdadera calidad de los distintos países del mundo se mide por esta capacidad de pensar no sólo como país, sino también como familia humana, y esto se prueba especialmente en las épocas críticas. Los nacionalismos cerrados expresan en definitiva esta incapacidad de gratuidad, el error de creer que pueden desarrollarse al margen de la ruina de los demás y que cerrándose al resto estarán más protegidos. El inmigrante es visto como un usurpador que no ofrece nada. Así, se llega a pensar ingenuamente que los pobres son peligrosos o inútiles y que los poderosos son generosos benefactores. Sólo una cultura social y política que incorpore la acogida gratuita podrá tener futuro.

LOCAL Y UNIVERSAL

142.   Cabe recordar que «entre la globalización y la localización también se produce una tensión. Hace falta prestar atención a lo global para no caer en una mezquindad cotidiana. Al mismo tiempo, no conviene perder de vista lo local, que nos hace caminar con los pies sobre la tierra. Las dos cosas unidas impiden caer en alguno de estos dos extremos: uno, que los ciudadanos vivan en un universalismo abstracto y globalizante […];

otro, que se conviertan en un museo folklórico de ermitaños localistas, condenados a repetir siempre lo mismo, incapaces de dejarse interpelar por el diferente y de valorar la belleza que Dios derrama fuera de sus límites».[124] Hay que mirar lo global, que nos rescata de la mezquindad casera. Cuando la casa ya no es hogar, sino que es encierro, calabozo, lo global nos va rescatando porque es como la causa final que nos atrae hacia la plenitud. Simultáneamente, hay que asumir con cordialidad lo local, porque tiene algo que lo global no posee: ser levadura, enriquecer, poner en marcha mecanismos de subsidiaridad. Por lo tanto, la fraternidad universal y la amistad social dentro de cada sociedad son dos polos inseparables y coesenciales. Separarlos lleva a una deformación y a una polarización dañina.

El sabor local

143.   La solución no es una apertura que renuncia al propio tesoro. Así como no hay diálogo con el otro sin identidad personal, del mismo modo no hay apertura entre pueblos sino desde el amor a la tierra, al pueblo, a los propios rasgos culturales. No me encuentro con el otro si no poseo un sustrato donde estoy firme y arraigado, porque desde allí puedo acoger el don del otro y ofrecerle algo verdadero. Sólo es posible acoger al diferente y percibir su aporte original si estoy

[124] Exhort. ap. *Evangelii gaudium* (24 noviembre 2013), 234: *AAS* 105 (2013), 1115.

afianzado en mi pueblo con su cultura. Cada uno ama y cuida con especial responsabilidad su tierra y se preocupa por su país, así como cada uno debe amar y cuidar su casa para que no se venga abajo, porque no lo harán los vecinos. También el bien del universo requiere que cada uno proteja y ame su propia tierra. De lo contrario, las consecuencias del desastre de un país terminarán afectando a todo el planeta. Esto se fundamenta en el sentido positivo que tiene el derecho de propiedad: cuido y cultivo algo que poseo, de manera que pueda ser un aporte al bien de todos.

144. Además, este es un presupuesto de los intercambios sanos y enriquecedores. El trasfondo de la experiencia de la vida en un lugar y en una cultura determinada es lo que capacita a alguien para percibir aspectos de la realidad que quienes no tienen esa experiencia no son capaces de percibir tan fácilmente. Lo universal no debe ser el imperio homogéneo, uniforme y estandarizado de una única forma cultural dominante, que finalmente perderá los colores del poliedro y terminará en el hastío. Es la tentación que se expresa en el antiguo relato de la torre de Babel: la construcción de una torre que llegara hasta el cielo no expresaba la unidad entre distintos pueblos capaces de comunicarse desde su diversidad. Por el contrario, fue una tentativa engañosa, que surgía del orgullo y de la ambición humana, de crear una unidad diferente de aquella deseada por Dios en su plan providencial para las naciones (cf. *Gn* 11,1-9).

145.   Hay una falsa apertura a lo universal, que procede de la superficialidad vacía de quien no es capaz de penetrar hasta el fondo en su patria, o de quien sobrelleva un resentimiento no resuelto hacia su pueblo. En todo caso, «siempre hay que ampliar la mirada para reconocer un bien mayor que nos beneficiará a todos. Pero hay que hacerlo sin evadirse, sin desarraigos. Es necesario hundir las raíces en la tierra fértil y en la historia del propio lugar, que es un don de Dios. Se trabaja en lo pequeño, en lo cercano, pero con una perspectiva más amplia. [...] No es ni la esfera global que anula ni la parcialidad aislada que esteriliza»,[125] es el poliedro, donde al mismo tiempo que cada uno es respetado en su valor, «el todo es más que la parte, y también es más que la mera suma de ellas».[126]

El horizonte universal

146.   Hay narcisismos localistas que no son un sano amor al propio pueblo y a su cultura. Esconden un espíritu cerrado que, por cierta inseguridad y temor al otro, prefiere crear murallas defensivas para preservarse a sí mismo. Pero no es posible ser sanamente local sin una sincera y amable apertura a lo universal, sin dejarse interpelar por lo que sucede en otras partes, sin dejarse enriquecer por otras culturas o sin solidarizarse con los dramas de los demás pueblos. Ese

---

[125] *Ibíd.*, 235: *AAS* 105 (2013), 1115.
[126] *Ibíd.*

localismo se clausura obsesivamente en unas pocas ideas, costumbres y seguridades, incapaz de admiración frente a la multitud de posibilidades y de belleza que ofrece el mundo entero, y carente de una solidaridad auténtica y generosa. Así, la vida local ya no es auténticamente receptiva, ya no se deja completar por el otro; por lo tanto, se limita en sus posibilidades de desarrollo, se vuelve estática y se enferma. Porque en realidad toda cultura sana es abierta y acogedora por naturaleza, de tal modo que «una cultura sin valores universales no es una verdadera cultura».[127]

147. Reconozcamos que una persona, mientras menos amplitud tenga en su mente y en su corazón, menos podrá interpretar la realidad cercana donde está inmersa. Sin la relación y el contraste con quien es diferente, es difícil percibirse clara y completamente a sí mismo y a la propia tierra, ya que las demás culturas no son enemigos de los que hay que preservarse, sino que son reflejos distintos de la riqueza inagotable de la vida humana. Mirándose a sí mismo con el punto de referencia del otro, de lo diverso, cada uno puede reconocer mejor las peculiaridades de su persona y de su cultura: sus riquezas, sus posibilidades y sus límites. La experiencia que se realiza en un lugar debe ser desarrollada "en contraste" y "en

---

[127] S. Juan Pablo II, *Discurso a los representantes del mundo de la cultura argentina*, Buenos Aires – Argentina (12 abril 1987), 4: *L'Osservatore Romano,* ed. semanal en lengua española (10 mayo 1987), p. 20.

sintonía" con las experiencias de otros que viven en contextos culturales diferentes.[128]

148. En realidad, una sana apertura nunca atenta contra la identidad. Porque al enriquecerse con elementos de otros lugares, una cultura viva no realiza una copia o una mera repetición, sino que integra las novedades "a su modo". Esto provoca el nacimiento de una nueva síntesis que finalmente beneficia a todos, ya que la cultura donde se originan estos aportes termina siendo retroalimentada. Por ello exhorté a los pueblos originarios a cuidar sus propias raíces y sus culturas ancestrales, pero quise aclarar que no era «mi intención proponer un indigenismo completamente cerrado, ahistórico, estático, que se niegue a toda forma de mestizaje», ya que «la propia identidad cultural se arraiga y se enriquece en el diálogo con los diferentes y la auténtica preservación no es un aislamiento empobrecedor».[129] El mundo crece y se llena de nueva belleza gracias a sucesivas síntesis que se producen entre culturas abiertas, fuera de toda imposición cultural.

149. Para estimular una sana relación entre el amor a la patria y la inserción cordial en la humanidad entera, es bueno recordar que la sociedad

---

[128] Cf. Íd., *Discurso a los cardenales* (21 diciembre 1984), 4: *AAS* 76 (1984), 506; *L'Osservatore Romano*, ed. semanal en lengua española (30 diciembre 1984), p. 3.
[129] Exhort. ap. postsin. *Querida Amazonia* (2 febrero 2020), 37.

mundial no es el resultado de la suma de los distintos países, sino que es la misma comunión que existe entre ellos, es la inclusión mutua que es anterior al surgimiento de todo grupo particular. En ese entrelazamiento de la comunión universal se integra cada grupo humano y allí encuentra su belleza. Entonces, cada persona que nace en un contexto determinado se sabe perteneciente a una familia más grande sin la que no es posible comprenderse en plenitud.

150.   Este enfoque, en definitiva, reclama la aceptación gozosa de que ningún pueblo, cultura o persona puede obtener todo de sí. Los otros son constitutivamente necesarios para la construcción de una vida plena. La conciencia del límite o de la parcialidad, lejos de ser una amenaza, se vuelve la clave desde la que soñar y elaborar un proyecto común. Porque «el hombre es el ser fronterizo que no tiene ninguna frontera».[130]

Desde la propia región

151.   Gracias al intercambio regional, desde el cual los países más débiles se abren al mundo entero, es posible que la universalidad no diluya las particularidades. Una adecuada y auténtica apertura al mundo supone la capacidad de abrir-

---

[130] GEORG SIMMEL, «Puente y puerta», en *El individuo y la libertad. Ensayos de crítica de la cultura*, ed. Península, Barcelona 2001, 34. Obra original: *Brücke und Tür. Essays des Philosophen zur Geschichte, Religion, Kunst und Gesellschaft*, ed. Michael Landmann, Köhler-Verlag, Stuttgart 1957, 6.

se al vecino, en una familia de naciones. La integración cultural, económica y política con los pueblos cercanos debería estar acompañada por un proceso educativo que promueva el valor del amor al vecino, primer ejercicio indispensable para lograr una sana integración universal.

152. En algunos barrios populares, todavía se vive el espíritu del "vecindario", donde cada uno siente espontáneamente el deber de acompañar y ayudar al vecino. En estos lugares que conservan esos valores comunitarios, se viven las relaciones de cercanía con notas de gratuidad, solidaridad y reciprocidad, a partir del sentido de un "nosotros" barrial.[131] Ojalá pudiera vivirse esto también entre países cercanos, que sean capaces de construir una vecindad cordial entre sus pueblos. Pero las visiones individualistas se traducen en las relaciones entre países. El riesgo de vivir cuidándonos unos de otros, viendo a los demás como competidores o enemigos peligrosos, se traslada a la relación con los pueblos de la región. Quizás fuimos educados en ese miedo y en esa desconfianza.

153. Hay países poderosos y grandes empresas que sacan rédito de este aislamiento y prefieren negociar con cada país por separado. Por el contrario, para los países pequeños o pobres

<hr>

[131] Cf. JAIME HOYOS-VÁSQUEZ, S.J., « Lógica de las relaciones sociales. Reflexión onto-lógica», en *Revista Universitas Philosophica*, 15-16, Bogotá (diciembre 1990 - junio 1991), 95-106.

se abre la posibilidad de alcanzar acuerdos regionales con sus vecinos que les permitan negociar en bloque y evitar convertirse en segmentos marginales y dependientes de los grandes poderes. Hoy ningún Estado nacional aislado está en condiciones de asegurar el bien común de su propia población.

CAPÍTULO QUINTO

LA MEJOR POLÍTICA

154.   Para hacer posible el desarrollo de una comunidad mundial, capaz de realizar la fraternidad a partir de pueblos y naciones que vivan la amistad social, hace falta la mejor política puesta al servicio del verdadero bien común. En cambio, desgraciadamente, la política hoy con frecuencia suele asumir formas que dificultan la marcha hacia un mundo distinto.

Populismos y liberalismos

155.   El desprecio de los débiles puede esconderse en formas populistas, que los utilizan demagógicamente para sus fines, o en formas liberales al servicio de los intereses económicos de los poderosos. En ambos casos se advierte la dificultad para pensar un mundo abierto que tenga lugar para todos, que incorpore a los más débiles y que respete las diversas culturas.

Popular o populista

156.   En los últimos años la expresión "populismo" o "populista" ha invadido los medios de comunicación y el lenguaje en general. Así pierde el valor que podría contener y se convierte en una de las polaridades de la sociedad dividida. Esto

llegó al punto de pretender clasificar a todas las personas, agrupaciones, sociedades y gobiernos a partir de una división binaria: "populista" o "no populista". Ya no es posible que alguien opine sobre cualquier tema sin que intenten clasificarlo en uno de esos dos polos, a veces para desacreditarlo injustamente o para enaltecerlo en exceso.

157. La pretensión de instalar el populismo como clave de lectura de la realidad social, tiene otra debilidad: que ignora la legitimidad de la noción de pueblo. El intento por hacer desaparecer del lenguaje esta categoría podría llevar a eliminar la misma palabra "democracia" —es decir: el "gobierno del pueblo"—. No obstante, si no se quiere afirmar que la sociedad es más que la mera suma de los individuos, se necesita la palabra "pueblo". La realidad es que hay fenómenos sociales que articulan a las mayorías, que existen megatendencias y búsquedas comunitarias. También que se puede pensar en objetivos comunes, más allá de las diferencias, para conformar un proyecto común. Finalmente, que es muy difícil proyectar algo grande a largo plazo si no se logra que eso se convierta en un sueño colectivo. Todo esto se encuentra expresado en el sustantivo "pueblo" y en el adjetivo "popular". Si no se incluyen —junto con una sólida crítica a la demagogia— se estaría renunciando a un aspecto fundamental de la realidad social.

158. Porque existe un malentendido: «Pueblo no es una categoría lógica, ni una categoría místi-

ca, si lo entendemos en el sentido de que todo lo que hace el pueblo es bueno, o en el sentido de que el pueblo sea una categoría angelical. Es una categoría mítica [...] Cuando explicas lo que es un pueblo utilizas categorías lógicas porque tienes que explicarlo: cierto, hacen falta. Pero así no explicas el sentido de pertenencia a un pueblo. La palabra pueblo tiene algo más que no se puede explicar de manera lógica. Ser parte de un pueblo es formar parte de una identidad común, hecha de lazos sociales y culturales. Y esto no es algo automático, sino todo lo contrario: es un proceso lento, difícil... hacia un proyecto común».[132]

159.   Hay líderes populares capaces de interpretar el sentir de un pueblo, su dinámica cultural y las grandes tendencias de una sociedad. El servicio que prestan, aglutinando y conduciendo, puede ser la base para un proyecto duradero de transformación y crecimiento, que implica también la capacidad de ceder lugar a otros en pos del bien común. Pero deriva en insano populismo cuando se convierte en la habilidad de alguien para cautivar en orden a instrumentalizar políticamente la cultura del pueblo, con cualquier signo ideológico, al servicio de su proyecto personal y de su perpetuación en el poder. Otras veces busca

---

[132] ANTONIO SPADARO, S.J., *Las huellas de un pastor. Una conversación con el Papa Francisco*, en: JORGE MARIO BERGOGLIO – PAPA FRANCISCO, *En tus ojos está mi palabra. Homilías y discursos de Buenos Aires (1999-2013)*, Publicaciones Claretianas, Madrid 2017, 24-25; cf. Exhort. ap. *Evangelii gaudium* (24 noviembre 2013), 220-221: *AAS* 105 (2013), 1110-1111.

sumar popularidad exacerbando las inclinaciones más bajas y egoístas de algunos sectores de la población. Esto se agrava cuando se convierte, con formas groseras o sutiles, en un avasallamiento de las instituciones y de la legalidad.

160. Los grupos populistas cerrados desfiguran la palabra "pueblo", puesto que en realidad no hablan de un verdadero pueblo. En efecto, la categoría de "pueblo" es abierta. Un pueblo vivo, dinámico y con futuro es el que está abierto permanentemente a nuevas síntesis incorporando al diferente. No lo hace negándose a sí mismo, pero sí con la disposición a ser movilizado, cuestionado, ampliado, enriquecido por otros, y de ese modo puede evolucionar.

161. Otra expresión de la degradación de un liderazgo popular es el inmediatismo. Se responde a exigencias populares en orden a garantizarse votos o aprobación, pero sin avanzar en una tarea ardua y constante que genere a las personas los recursos para su propio desarrollo, para que puedan sostener su vida con su esfuerzo y su creatividad. En esta línea dije claramente que «estoy lejos de proponer un populismo irresponsable».[133] Por una parte, la superación de la inequidad supone el desarrollo económico, aprovechando las posibilidades de cada región y asegurando así una

---

[133] Exhort. ap. *Evangelii gaudium* (24 noviembre 2013), 204: *AAS* 105 (2013), 1106.

equidad sustentable.[134] Por otra parte, «los planes asistenciales, que atienden ciertas urgencias, sólo deberían pensarse como respuestas pasajeras».[135]

162.   El gran tema es el trabajo. Lo verdaderamente popular —porque promueve el bien del pueblo— es asegurar a todos la posibilidad de hacer brotar las semillas que Dios ha puesto en cada uno, sus capacidades, su iniciativa, sus fuerzas. Esa es la mejor ayuda para un pobre, el mejor camino hacia una existencia digna. Por ello insisto en que «ayudar a los pobres con dinero debe ser siempre una solución provisoria para resolver urgencias. El gran objetivo debería ser siempre permitirles una vida digna a través del trabajo».[136] Por más que cambien los mecanismos de producción, la política no puede renunciar al objetivo de lograr que la organización de una sociedad asegure a cada persona alguna manera de aportar sus capacidades y su esfuerzo. Porque «no existe peor pobreza que aquella que priva del trabajo y de la dignidad del trabajo».[137] En una sociedad realmente desarrollada el trabajo es una dimensión irrenunciable de la vida social, ya que no

---

[134] Cf. *Ibíd.*: *AAS* 105 (2013), 1105-1106.

[135] *Ibíd.*, 202: *AAS* 105 (2013), 1105.

[136] Carta enc. *Laudato si'* (24 mayo 2015), 128: *AAS* 107 (2015), 898.

[137] *Discurso al Cuerpo diplomático acreditado ante la Santa Sede* (12 enero 2015): *AAS* 107 (2015), 165; *L'Osservatore Romano*, ed. semanal en lengua española (16 enero 2015), p. 10; cf. *Discurso a los participantes en el Encuentro mundial de Movimientos populares* (28 octubre 2014): *AAS* 106 (2014), 851-859.

sólo es un modo de ganarse el pan, sino también un cauce para el crecimiento personal, para establecer relaciones sanas, para expresarse a sí mismo, para compartir dones, para sentirse corresponsable en el perfeccionamiento del mundo, y en definitiva para vivir como pueblo.

Valores y límites de las visiones liberales

163.   La categoría de pueblo, que incorpora una valoración positiva de los lazos comunitarios y culturales, suele ser rechazada por las visiones liberales individualistas, donde la sociedad es considerada una mera suma de intereses que coexisten. Hablan de respeto a las libertades, pero sin la raíz de una narrativa común. En ciertos contextos, es frecuente acusar de populistas a todos los que defiendan los derechos de los más débiles de la sociedad. Para estas visiones, la categoría de pueblo es una mitificación de algo que en realidad no existe. Sin embargo, aquí se crea una polarización innecesaria, ya que ni la idea de pueblo ni la de prójimo son categorías puramente míticas o románticas que excluyan o desprecien la organización social, la ciencia y las instituciones de la sociedad civil.[138]

164.   La caridad reúne ambas dimensiones —la mítica y la institucional— puesto que implica una marcha eficaz de transformación de la historia

---

[138] Algo semejante puede decirse de la categoría bíblica de "Reino de Dios".

que exige incorporarlo principalmente todo: las instituciones, el derecho, la técnica, la experiencia, los aportes profesionales, el análisis científico, los procedimientos administrativos. Porque «no hay de hecho vida privada si no es protegida por un orden público, un hogar cálido no tiene intimidad si no es bajo la tutela de la legalidad, de un estado de tranquilidad fundado en la ley y en la fuerza y con la condición de un mínimo de bienestar asegurado por la división del trabajo, los intercambios comerciales, la justicia social y la ciudadanía política».[139]

165.   La verdadera caridad es capaz de incorporar todo esto en su entrega, y si debe expresarse en el encuentro persona a persona, también es capaz de llegar a una hermana o a un hermano lejano e incluso ignorado, a través de los diversos recursos que las instituciones de una sociedad organizada, libre y creativa son capaces de generar. Si vamos al caso, aun el buen samaritano necesitó de la existencia de una posada que le permitiera resolver lo que él solo en ese momento no estaba en condiciones de asegurar. El amor al prójimo es realista y no desperdicia nada que sea necesario para una transformación de la historia que beneficie a los últimos. De otro modo, a veces se tienen ideologías de izquierda o pensamientos sociales, junto con hábitos individualistas y procedimientos ineficaces que sólo llegan a unos

---

[139] Paul Ricoeur, *Histoire et vérité*, ed. Le Seuil, París 1967, 122.

pocos. Mientras tanto, la multitud de los abandonados queda a merced de la posible buena voluntad de algunos. Esto hace ver que es necesario fomentar no únicamente una mística de la fraternidad sino al mismo tiempo una organización mundial más eficiente para ayudar a resolver los problemas acuciantes de los abandonados que sufren y mueren en los países pobres. Esto a su vez implica que no hay una sola salida posible, una única metodología aceptable, una receta económica que pueda ser aplicada igualmente por todos, y supone que aun la ciencia más rigurosa pueda proponer caminos diferentes.

166. Todo esto podría estar colgado de alfileres, si perdemos la capacidad de advertir la necesidad de un cambio en los corazones humanos, en los hábitos y en los estilos de vida. Es lo que ocurre cuando la propaganda política, los medios y los constructores de opinión pública persisten en fomentar una cultura individualista e ingenua ante los intereses económicos desenfrenados y la organización de las sociedades al servicio de los que ya tienen demasiado poder. Por eso, mi crítica al paradigma tecnocrático no significa que sólo intentando controlar sus excesos podremos estar asegurados, porque el mayor peligro no reside en las cosas, en las realidades materiales, en las organizaciones, sino en el modo como las personas las utilizan. El asunto es la fragilidad humana, la tendencia constante al egoísmo humano que forma parte de aquello que la tradición cristiana

llama "concupiscencia": la inclinación del ser humano a encerrarse en la inmanencia de su propio yo, de su grupo, de sus intereses mezquinos. Esa concupiscencia no es un defecto de esta época. Existió desde que el hombre es hombre y simplemente se transforma, adquiere diversas modalidades en cada siglo, y finalmente utiliza los instrumentos que el momento histórico pone a su disposición. Pero es posible dominarla con la ayuda de Dios.

167.   La tarea educativa, el desarrollo de hábitos solidarios, la capacidad de pensar la vida humana más integralmente, la hondura espiritual, hacen falta para dar calidad a las relaciones humanas, de tal modo que sea la misma sociedad la que reaccione ante sus inequidades, sus desviaciones, los abusos de los poderes económicos, tecnológicos, políticos o mediáticos. Hay visiones liberales que ignoran este factor de la fragilidad humana, e imaginan un mundo que responde a un determinado orden que por sí solo podría asegurar el futuro y la solución de todos los problemas.

168.   El mercado solo no resuelve todo, aunque otra vez nos quieran hacer creer este dogma de fe neoliberal. Se trata de un pensamiento pobre, repetitivo, que propone siempre las mismas recetas frente a cualquier desafío que se presente. El neoliberalismo se reproduce a sí mismo sin más, acudiendo al mágico "derrame" o "goteo" —sin nombrarlo— como único camino para resolver los problemas sociales. No se advierte que el su-

puesto derrame no resuelve la inequidad, que es fuente de nuevas formas de violencia que amenazan el tejido social. Por una parte, es imperiosa una política económica activa orientada a «promover una economía que favorezca la diversidad productiva y la creatividad empresarial»,[140] para que sea posible acrecentar los puestos de trabajo en lugar de reducirlos. La especulación financiera con la ganancia fácil como fin fundamental sigue causando estragos. Por otra parte, «sin formas internas de solidaridad y de confianza recíproca, el mercado no puede cumplir plenamente su propia función económica. Hoy, precisamente esta confianza ha fallado».[141] El fin de la historia no fue tal, y las recetas dogmáticas de la teoría económica imperante mostraron no ser infalibles. La fragilidad de los sistemas mundiales frente a las pandemias ha evidenciado que no todo se resuelve con la libertad de mercado y que, además de rehabilitar una sana política que no esté sometida al dictado de las finanzas, «tenemos que volver a llevar la dignidad humana al centro y que sobre ese pilar se construyan las estructuras sociales alternativas que necesitamos».[142]

169. En ciertas visiones economicistas cerradas y monocromáticas, no parecen tener lugar,

---

[140] Carta enc. *Laudato si'* (24 mayo 2015), 129: *AAS* 107 (2015), 899.

[141] BENEDICTO XVI, Carta enc. *Caritas in veritate* (29 junio 2009), 35: *AAS* 101 (2009), 670.

[142] *Discurso a los participantes en el Encuentro mundial de Movimientos populares* (28 octubre 2014): *AAS* 106 (2014), 858.

por ejemplo, los movimientos populares que aglutinan a desocupados, trabajadores precarios e informales y a tantos otros que no entran fácilmente en los cauces ya establecidos. En realidad, estos gestan variadas formas de economía popular y de producción comunitaria. Hace falta pensar en la participación social, política y económica de tal manera «que incluya a los movimientos populares y anime las estructuras de gobierno locales, nacionales e internacionales con ese torrente de energía moral que surge de la incorporación de los excluidos en la construcción del destino común» y a su vez es bueno promover que «estos movimientos, estas experiencias de solidaridad que crecen desde abajo, desde el subsuelo del planeta, confluyan, estén más coordinadas, se vayan encontrando».[143] Pero sin traicionar su estilo característico, porque ellos «son sembradores de cambio, promotores de un proceso en el que confluyen millones de acciones grandes y pequeñas encadenadas creativamente, como en una poesía».[144] En este sentido son "poetas sociales", que trabajan, proponen, promueven y liberan a su modo. Con ellos será posible un desarrollo humano integral, que implica superar «esa idea de las políticas sociales concebidas como una política *hacia* los pobres pero nunca *con* los pobres, nunca *de* los pobres y mucho me-

---

[143] *Ibíd.*

[144] *Discurso a los participantes en el Encuentro mundial de Movimientos populares* (5 noviembre 2016): *L'Osservatore Romano*, ed. semanal en lengua española (11 noviembre 2016), p. 6.

nos inserta en un proyecto que reunifique a los pueblos».[145] Aunque molesten, aunque algunos "pensadores" no sepan cómo clasificarlos, hay que tener la valentía de reconocer que sin ellos «la democracia se atrofia, se convierte en un nominalismo, una formalidad, pierde representatividad, se va desencarnando porque deja afuera al pueblo en su lucha cotidiana por la dignidad, en la construcción de su destino».[146]

EL PODER INTERNACIONAL

170.   Me permito repetir que «la crisis financiera de 2007-2008 era la ocasión para el desarrollo de una nueva economía más atenta a los principios éticos y para una nueva regulación de la actividad financiera especulativa y de la riqueza ficticia. Pero no hubo una reacción que llevara a repensar los criterios obsoletos que siguen rigiendo al mundo».[147] Es más, parece que las verdaderas estrategias que se desarrollaron posteriormente en el mundo se orientaron a más individualismo, a más desintegración, a más libertad para los verdaderos poderosos que siempre encuentran la manera de salir indemnes.

171.   Quisiera insistir en que «dar a cada uno lo suyo, siguiendo la definición clásica de justicia,

[145] *Ibíd.*, p. 8.
[146] *Ibíd.*
[147] Carta enc. *Laudato si'* (24 mayo 2015), 189: *AAS* 107 (2015), 922.

114

significa que ningún individuo o grupo humano se puede considerar omnipotente, autorizado a pasar por encima de la dignidad y de los derechos de las otras personas singulares o de sus agrupaciones sociales. La distribución fáctica del poder —sea, sobre todo, político, económico, de defensa, tecnológico— entre una pluralidad de sujetos y la creación de un sistema jurídico de regulación de las pretensiones e intereses, concreta la limitación del poder. El panorama mundial hoy nos presenta, sin embargo, muchos falsos derechos, y —a la vez— grandes sectores indefensos, víctimas más bien de un mal ejercicio del poder».[148]

172.   El siglo XXI «es escenario de un debilitamiento de poder de los Estados nacionales, sobre todo porque la dimensión económico-financiera, de características transnacionales, tiende a predominar sobre la política. En este contexto, se vuelve indispensable la maduración de instituciones internacionales más fuertes y eficazmente organizadas, con autoridades designadas equitativamente por acuerdo entre los gobiernos nacionales, y dotadas de poder para sancionar».[149] Cuando se habla de la posibilidad de alguna forma de autoridad mundial regulada por el derecho[150] no necesariamente debe pensarse en una

[148] *Discurso a la Organización de las Naciones Unidas*, Nueva York (25 septiembre 2015): *AAS* 107 (2015), 1037.

[149] Carta enc. *Laudato si'* (24 mayo 2015), 175: *AAS* 107 (2015), 916-917.

[150] Cf. BENEDICTO XVI, Carta enc. *Caritas in veritate* (29 junio 2009), 67: *AAS* 101 (2009), 700-701.

autoridad personal. Sin embargo, al menos debería incluir la gestación de organizaciones mundiales más eficaces, dotadas de autoridad para asegurar el bien común mundial, la erradicación del hambre y la miseria, y la defensa cierta de los derechos humanos elementales.

173. En esta línea, recuerdo que es necesaria una reforma «tanto de la Organización de las Naciones Unidas como de la arquitectura económica y financiera internacional, para que se dé una concreción real al concepto de familia de naciones».[151] Sin duda esto supone límites jurídicos precisos que eviten que se trate de una autoridad cooptada por unos pocos países, y que a su vez impidan imposiciones culturales o el menoscabo de las libertades básicas de las naciones más débiles a causa de diferencias ideológicas. Porque «la Comunidad Internacional es una comunidad jurídica fundada en la soberanía de cada uno de los Estados miembros, sin vínculos de subordinación que nieguen o limiten su independencia».[152] Pero «la labor de las Naciones Unidas, a partir de los postulados del Preámbulo y de los primeros artículos de su Carta Constitucional, puede ser vista como el desarrollo y la promoción de la soberanía del derecho, sabiendo que la justicia es requisito indispensable para obtener el ideal de la fraternidad universal. [...] Hay que asegurar el

---

[151] *Ibíd.*: *AAS* 101 (2009), 700.
[152] Consejo Pontificio Justicia y Paz, *Compendio de la doctrina social de la Iglesia*, 434.

imperio incontestado del derecho y el infatigable recurso a la negociación, a los buenos oficios y al arbitraje, como propone la *Carta de las Naciones Unidas*, verdadera norma jurídica fundamental».[153] Es necesario evitar que esta Organización sea deslegitimizada, porque sus problemas o deficiencias pueden ser afrontados y resueltos conjuntamente.

174.	Hacen falta valentía y generosidad en orden a establecer libremente determinados objetivos comunes y asegurar el cumplimiento en todo el mundo de algunas normas básicas. Para que esto sea realmente útil, se debe sostener «la exigencia de mantener los acuerdos suscritos —*pacta sunt servanda*—»,[154] de manera que se evite «la tentación de apelar al derecho de la fuerza más que a la fuerza del derecho».[155] Esto requiere fortalecer «los instrumentos normativos para la solución pacífica de las controversias de modo que se refuercen su alcance y su obligatoriedad».[156] Entre estos instrumentos normativos, deben ser favorecidos los acuerdos multilaterales entre los Estados, porque garantizan mejor que los acuerdos bilate-

---

[153] *Discurso a la Organización de las Naciones Unidas*, Nueva York (25 septiembre 2015): *AAS* 107 (2015), 1037.1041.

[154] Consejo Pontificio Justicia y Paz, *Compendio de la doctrina social de la Iglesia*, 437.

[155] S. Juan Pablo II, *Mensaje para la 37.ª Jornada Mundial de la Paz 1 enero 2004*, 5: *AAS* 96 (2004), 117; *L'Osservatore Romano*, ed. semanal en lengua española (19 diciembre 2003), p. 5.

[156] Consejo Pontificio Justicia y Paz, *Compendio de la doctrina social de la Iglesia*, 439.

rales el cuidado de un bien común realmente universal y la protección de los Estados más débiles.

175.   Gracias a Dios tantas agrupaciones y organizaciones de la sociedad civil ayudan a paliar las debilidades de la Comunidad internacional, su falta de coordinación en situaciones complejas, su falta de atención frente a derechos humanos fundamentales y a situaciones muy críticas de algunos grupos. Así adquiere una expresión concreta el principio de subsidiariedad, que garantiza la participación y la acción de las comunidades y organizaciones de menor rango, las que complementan la acción del Estado. Muchas veces desarrollan esfuerzos admirables pensando en el bien común y algunos de sus miembros llegan a realizar gestos verdaderamente heroicos que muestran de cuánta belleza todavía es capaz nuestra humanidad.

UNA CARIDAD SOCIAL Y POLÍTICA

176.   Para muchos la política hoy es una mala palabra, y no se puede ignorar que detrás de este hecho están a menudo los errores, la corrupción, la ineficiencia de algunos políticos. A esto se añaden las estrategias que buscan debilitarla, reemplazarla por la economía o dominarla con alguna ideología. Pero, ¿puede funcionar el mundo sin política? ¿Puede haber un camino eficaz hacia la fraternidad universal y la paz social sin una buena política?[157]

[157] Cf. COMISIÓN SOCIAL DE LOS OBISPOS DE FRANCIA, Declaración *Réhabiliter la politique* (17 febrero 1999).

177.   Me permito volver a insistir que «la política no debe someterse a la economía y esta no debe someterse a los dictámenes y al paradigma eficientista de la tecnocracia».[158] Aunque haya que rechazar el mal uso del poder, la corrupción, la falta de respeto a las leyes y la ineficiencia, «no se puede justificar una economía sin política, que sería incapaz de propiciar otra lógica que rija los diversos aspectos de la crisis actual».[159] Al contrario, «necesitamos una política que piense con visión amplia, y que lleve adelante un replanteo integral, incorporando en un diálogo interdisciplinario los diversos aspectos de la crisis».[160] Pienso en «una sana política, capaz de reformar las instituciones, coordinarlas y dotarlas de mejores prácticas, que permitan superar presiones e inercias viciosas».[161] No se puede pedir esto a la economía, ni se puede aceptar que esta asuma el poder real del Estado.

178.   Ante tantas formas mezquinas e inmediatistas de política, recuerdo que «la grandeza política se muestra cuando, en momentos difíciles, se obra por grandes principios y pensando en el bien común a largo plazo. Al poder político le cuesta mucho asumir este deber en un proyecto

---

[158] Carta enc. *Laudato si'* (24 mayo 2015), 189: *AAS* 107 (2015), 922.

[159] *Ibíd.*, 196: *AAS* 107 (2015), 925.

[160] *Ibíd.*, 197: *AAS* 107 (2015), 925.

[161] *Ibíd.*, 181: *AAS* 107 (2015), 919.

de nación»[162] y más aún en un proyecto común para la humanidad presente y futura. Pensar en los que vendrán no sirve a los fines electorales, pero es lo que exige una justicia auténtica, porque, como enseñaron los Obispos de Portugal, la tierra «es un préstamo que cada generación recibe y debe transmitir a la generación siguiente».[163]

179. La sociedad mundial tiene serias fallas estructurales que no se resuelven con parches o soluciones rápidas meramente ocasionales. Hay cosas que deben ser cambiadas con replanteos de fondo y transformaciones importantes. Sólo una sana política podría liderarlo, convocando a los más diversos sectores y a los saberes más variados. De esa manera, una economía integrada en un proyecto político, social, cultural y popular que busque el bien común puede «abrir camino a oportunidades diferentes, que no implican detener la creatividad humana y su sueño de progreso, sino orientar esa energía con cauces nuevos».[164]

El amor político

180. Reconocer a cada ser humano como un hermano o una hermana y buscar una amistad social que integre a todos no son meras utopías.

---

[162] *Ibíd.*, 178: *AAS* 107 (2015), 918.

[163] CONFERENCIA EPISCOPAL PORTUGUESA, Carta pastoral *Responsabilidade solidária pelo bem comum* (15 septiembre 2003), 20; cf. Carta enc. *Laudato si'*, 159: *AAS* 107 (2015), 911.

[164] Carta enc. *Laudato si'* (24 mayo 2015), 191: *AAS* 107 (2015), 923.

Exigen la decisión y la capacidad para encontrar los caminos eficaces que las hagan realmente posibles. Cualquier empeño en esta línea se convierte en un ejercicio supremo de la caridad. Porque un individuo puede ayudar a una persona necesitada, pero cuando se une a otros para generar procesos sociales de fraternidad y de justicia para todos, entra en «el campo de la más amplia caridad, la caridad política».[165] Se trata de avanzar hacia un orden social y político cuya alma sea la caridad social.[166] Una vez más convoco a rehabilitar la política, que «es una altísima vocación, es una de las formas más preciosas de la caridad, porque busca el bien común».[167]

181. Todos los compromisos que brotan de la Doctrina Social de la Iglesia «provienen de la caridad que, según la enseñanza de Jesús, es la síntesis de toda la Ley (cf. *Mt* 22,36-40)».[168] Esto supone reconocer que «el amor, lleno de pequeños gestos de cuidado mutuo, es también civil y político, y se manifiesta en todas las acciones que procuran construir un mundo mejor».[169] Por

---

[165] Pío XI, *Discurso a la Federación Universitaria Católica Italiana* (18 diciembre 1927): *L'Osservatore Romano* (23 diciembre 1927), 3.

[166] Cf. Íd., Carta enc. *Quadragesimo anno* (15 mayo 1931), 88: *AAS* 23 (1931), 206-207.

[167] Exhort. ap. *Evangelii gaudium* (24 noviembre 2013), 205: *AAS* 105 (2013), 1106.

[168] Benedicto XVI, Carta enc. *Caritas in veritate* (29 junio 2009), 2: *AAS* 101 (2009), 642.

[169] Carta enc. *Laudato si'* (24 mayo 2015), 231: *AAS* 107 (2015), 937.

esa razón, el amor no sólo se expresa en relaciones íntimas y cercanas, sino también en «las macro-relaciones, como las relaciones sociales, económicas y políticas».[170]

182. Esta caridad política supone haber desarrollado un sentido social que supera toda mentalidad individualista: «La caridad social nos hace amar el bien común y nos lleva a buscar efectivamente el bien de todas las personas, consideradas no sólo individualmente, sino también en la dimensión social que las une».[171] Cada uno es plenamente persona cuando pertenece a un pueblo, y al mismo tiempo no hay verdadero pueblo sin respeto al rostro de cada persona. Pueblo y persona son términos correlativos. Sin embargo, hoy se pretende reducir las personas a individuos, fácilmente dominables por poderes que miran a intereses espurios. La buena política busca caminos de construcción de comunidades en los distintos niveles de la vida social, en orden a reequilibrar y reorientar la globalización para evitar sus efectos disgregantes.

Amor efectivo

183. A partir del «amor social»[172] es posible avanzar hacia una civilización del amor a la que

---

[170] Benedicto XVI, Carta enc. *Caritas in veritate* (29 junio 2009), 2: *AAS* 101 (2009), 642.

[171] Consejo Pontificio Justicia y Paz, *Compendio de la doctrina social de la Iglesia*, 207.

[172] S. Juan Pablo II, Carta enc. *Redemptor hominis* (4 marzo 1979), 15: *AAS* 71 (1979), 288.

todos podamos sentirnos convocados. La caridad, con su dinamismo universal, puede construir un mundo nuevo,[173] porque no es un sentimiento estéril, sino la mejor manera de lograr caminos eficaces de desarrollo para todos. El amor social es una «fuerza capaz de suscitar vías nuevas para afrontar los problemas del mundo de hoy y para renovar profundamente desde su interior las estructuras, organizaciones sociales y ordenamientos jurídicos».[174]

184.   La caridad está en el corazón de toda vida social sana y abierta. Sin embargo, hoy «se afirma fácilmente su irrelevancia para interpretar y orientar las responsabilidades morales».[175] Es mucho más que sentimentalismo subjetivo, si es que está unida al compromiso con la verdad, de manera que no sea «presa fácil de las emociones y las opiniones contingentes de los sujetos».[176] Precisamente su relación con la verdad facilita a la caridad su universalismo y así evita ser «relegada a un ámbito de relaciones reducido y privado».[177] De otro modo, será «excluida de los proyectos y procesos para construir un desarrollo humano de alcance universal, en el diálogo entre saberes

---

[173] Cf. S. PABLO VI, Carta enc. *Populorum progressio* (26 marzo 1967), 44: *AAS* 59 (1967), 279.

[174] CONSEJO PONTIFICIO JUSTICIA Y PAZ, *Compendio de la doctrina social de la Iglesia*, 207.

[175] BENEDICTO XVI, Carta enc. *Caritas in veritate* (29 junio 2009), 2: *AAS* 101 (2009), 642.

[176] *Ibíd.*, 3: *AAS* 101 (2009), 643.

[177] *Ibíd.*, 4: *AAS* 101 (2009), 643.

y operatividad».[178] Sin la verdad, la emotividad se vacía de contenidos relacionales y sociales. Por eso la apertura a la verdad protege a la caridad de una falsa fe que se queda sin «su horizonte humano y universal».[179]

185.   La caridad necesita la luz de la verdad que constantemente buscamos y «esta luz es simultáneamente la de la razón y la de la fe»,[180] sin relativismos. Esto supone también el desarrollo de las ciencias y su aporte insustituible para encontrar los caminos concretos y más seguros para obtener los resultados que se esperan. Porque cuando está en juego el bien de los demás no bastan las buenas intenciones, sino lograr efectivamente lo que ellos y sus naciones necesitan para realizarse.

186.   Hay un llamado amor "elícito", que son los actos que proceden directamente de la virtud de la caridad, dirigidos a personas y a pueblos. Hay además un amor "imperado": aquellos actos de la caridad que impulsan a crear instituciones más sanas, regulaciones más justas, estructuras más solidarias.[181] De ahí que sea «un acto de cari-

---

[178] *Ibíd.*

[179] *Ibíd.*, 3: *AAS* 101 (2009), 643.

[180] *Ibíd.*: *AAS* 101 (2009), 642.

[181] La doctrina moral católica, siguiendo la enseñanza de santo Tomás de Aquino, distingue entre el acto "elícito" y el acto "imperado" (cf. *Summa Theologiae*, I-II, q. 8-17; MARCELLINO ZALBA, S.J., *Theologiae moralis summa. Theologia moralis fundamentalis.*

124

dad igualmente indispensable el esfuerzo dirigido a organizar y estructurar la sociedad de modo que el prójimo no tenga que padecer la miseria».[182] Es caridad acompañar a una persona que sufre, y también es caridad todo lo que se realiza, aun sin tener contacto directo con esa persona, para modificar las condiciones sociales que provocan su sufrimiento. Si alguien ayuda a un anciano a cruzar un río, y eso es exquisita caridad, el político le construye un puente, y eso también es caridad. Si alguien ayuda a otro con comida, el político le crea una fuente de trabajo, y ejercita un modo altísimo de la caridad que ennoblece su acción política.

Los desvelos del amor

187. Esta caridad, corazón del espíritu de la política, es siempre un amor preferencial por los últimos, que está detrás de todas las acciones que se realicen a su favor.[183] Sólo con una mirada cuyo horizonte esté transformado por la caridad, que le lleva a percibir la dignidad del otro, los pobres son descubiertos y valorados en su inmensa dignidad, respetados en su estilo propio y en su

Tractatus de virtutibus theologicis, ed. BAC, Madrid 1952, vol. 1, 69; ANTONIO ROYO MARÍN, O.P., *Teología de la perfección cristiana*, ed. BAC, Madrid 1962, 192-196).

[182] CONSEJO PONTIFICIO JUSTICIA Y PAZ, *Compendio de la doctrina social de la Iglesia*, 208.

[183] Cf. S. JUAN PABLO II, Carta enc. *Sollicitudo rei socialis* (30 diciembre 1987), 42: *AAS* 80 (1988), 572-574; ÍD., Carta enc. *Centesimus annus* (1 mayo 1991), 11: *AAS* 83 (1991), 806-807.

cultura, y por lo tanto verdaderamente integrados en la sociedad. Esta mirada es el núcleo del verdadero espíritu de la política. Desde allí los caminos que se abren son diferentes a los de un pragmatismo sin alma. Por ejemplo, «no se puede abordar el escándalo de la pobreza promoviendo estrategias de contención que únicamente tranquilicen y conviertan a los pobres en seres domesticados e inofensivos. Qué triste ver cuando detrás de supuestas obras altruistas, se reduce al otro a la pasividad».[184] Lo que se necesita es que haya diversos cauces de expresión y de participación social. La educación está al servicio de ese camino para que cada ser humano pueda ser artífice de su destino. Aquí muestra su valor el principio de *subsidiariedad*, inseparable del principio de *solidaridad*.

188.   Esto provoca la urgencia de resolver todo lo que atenta contra los derechos humanos fundamentales. Los políticos están llamados a «preocuparse de la fragilidad, de la fragilidad de los pueblos y de las personas. Cuidar la fragilidad quiere decir fuerza y ternura, lucha y fecundidad, en medio de un modelo funcionalista y privatista que conduce inexorablemente a la "cultura del descarte". [...] Significa hacerse cargo del presente en su situación más marginal y angustiante, y ser capaz de dotarlo de dignidad».[185] Así cier-

---

[184] *Discurso a los participantes en el Encuentro mundial de Movimientos populares* (28 octubre 2014): *AAS* 106 (2014), 852.

[185] *Discurso al Parlamento europeo*, Estrasburgo (25 noviembre 2014): *AAS* 106 (2014), 999; *L'Osservatore Romano*, ed. semanal en lengua española (28 noviembre 2014), p. 4.

tamente se genera una actividad intensa, porque
«hay que hacer lo que sea para salvaguardar la
condición y dignidad de la persona humana».[186]
El político es un hacedor, un constructor con
grandes objetivos, con mirada amplia, realista y
pragmática, aún más allá de su propio país. Las
mayores angustias de un político no deberían
ser las causadas por una caída en las encuestas,
sino por no resolver efectivamente «el fenómeno de la exclusión social y económica, con sus
tristes consecuencias de trata de seres humanos,
comercio de órganos y tejidos humanos, explo-
tación sexual de niños y niñas, trabajo esclavo,
incluyendo la prostitución, tráfico de drogas y de
armas, terrorismo y crimen internacional organizado. Es tal la magnitud de estas situaciones
y el grado de vidas inocentes que va cobrando,
que hemos de evitar toda tentación de caer en un
nominalismo declaracionista con efecto tranqui-
lizador en las conciencias. Debemos cuidar que
nuestras instituciones sean realmente efectivas en
la lucha contra todos estos flagelos».[187] Esto se
hace aprovechando con inteligencia los grandes
recursos del desarrollo tecnológico.

189.   Todavía estamos lejos de una globalización
de los derechos humanos más básicos. Por eso la

---

[186] *Discurso a la clase dirigente y al Cuerpo diplomático*, Ban-
gui – República Centroafricana (29 noviembre 2015): *AAS* 107
(2015), 1320; *L'Osservatore Romano*, ed. semanal en lengua española (4 diciembre 2015), p. 15.
[187] *Discurso a la Organización de las Naciones Unidas*, Nueva
York (25 septiembre 2015): *AAS* 107 (2015), 1039.

política mundial no puede dejar de colocar entre sus objetivos principales e imperiosos el de acabar eficazmente con el hambre. Porque «cuando la especulación financiera condiciona el precio de los alimentos tratándolos como a cualquier mercancía, millones de personas sufren y mueren de hambre. Por otra parte, se desechan toneladas de alimentos. Esto constituye un verdadero escándalo. El hambre es criminal, la alimentación es un derecho inalienable».[188] Mientras muchas veces nos enfrascamos en discusiones semánticas o ideológicas, permitimos que todavía hoy haya hermanas y hermanos que mueran de hambre o de sed, sin un techo o sin acceso al cuidado de su salud. Junto con estas necesidades elementales insatisfechas, la trata de personas es otra vergüenza para la humanidad que la política internacional no debería seguir tolerando, más allá de los discursos y las buenas intenciones. Son mínimos impostergables.

Amor que integra y reúne

190.   La caridad política se expresa también en la apertura a todos. Principalmente aquel a quien le toca gobernar, está llamado a renuncias que hagan posible el encuentro, y busca la confluencia al menos en algunos temas. Sabe escuchar el punto de vista del otro facilitando que todos tengan un espacio. Con renuncias y paciencia

---

[188] *Discurso a los participantes en el Encuentro mundial de Movimientos populares* (28 octubre 2014): *AAS* 106 (2014), 853.

un gobernante puede ayudar a crear ese hermoso poliedro donde todos encuentran un lugar. En esto no funcionan las negociaciones de tipo económico. Es algo más, es un intercambio de ofrendas en favor del bien común. Parece una utopía ingenua, pero no podemos renunciar a este altísimo objetivo.

191.   Mientras vemos que todo tipo de intolerancias fundamentalistas daña las relaciones entre personas, grupos y pueblos, vivamos y enseñemos nosotros el valor del respeto, el amor capaz de asumir toda diferencia, la prioridad de la dignidad de todo ser humano sobre cualesquiera fuesen sus ideas, sentimientos, prácticas y aun sus pecados. Mientras en la sociedad actual proliferan los fanatismos, las lógicas cerradas y la fragmentación social y cultural, un buen político da el primer paso para que resuenen las distintas voces. Es cierto que las diferencias generan conflictos, pero la uniformidad genera asfixia y hace que nos fagocitemos culturalmente. No nos resignemos a vivir encerrados en un fragmento de realidad.

192.   En este contexto, quiero recordar que, junto con el Gran Imán Ahmad Al-Tayyeb, pedimos «a los artífices de la política internacional y de la economía mundial, comprometerse seriamente para difundir la cultura de la tolerancia, de la convivencia y de la paz; intervenir lo antes posible para parar el derramamiento de sangre

inocente».[189] Y cuando una determinada política siembra el odio o el miedo hacia otras naciones en nombre del bien del propio país, es necesario preocuparse, reaccionar a tiempo y corregir inmediatamente el rumbo.

Más fecundidad que éxitos

193. Al mismo tiempo que desarrolla esta actividad incansable, todo político también es un ser humano. Está llamado a vivir el amor en sus relaciones interpersonales cotidianas. Es una persona, y necesita advertir que «el mundo moderno, por su misma perfección técnica tiende a racionalizar, cada día más, la satisfacción de los deseos humanos, clasificados y repartidos entre diversos servicios. Cada vez menos se llama a un hombre por su nombre propio, cada vez menos se tratará como persona a este ser, único en el mundo, que tiene su propio corazón, sus sufrimientos, sus problemas, sus alegrías y su propia familia. Sólo se conocerán sus enfermedades para curarlas, su falta de dinero para proporcionárselo, su necesidad de casa para alojarlo, su deseo de esparcimiento y de distracciones para organizárselas». Pero «amar al más insignificante de los seres humanos como a un hermano, como si no hubiera más que él en el mundo, no es perder el tiempo».[190]

---

[189] *Documento sobre la fraternidad humana por la paz mundial y la convivencia común*, Abu Dabi (4 febrero 2019): *L'Osservatore Romano*, ed. semanal en lengua española (8 febrero 2019), p. 7.

[190] René Voillaume, *Hermano de todos*, ed. Narcea, Madrid 1978, 15-17.

130

194. También en la política hay lugar para amar con ternura. «¿Qué es la ternura? Es el amor que se hace cercano y concreto. Es un movimiento que procede del corazón y llega a los ojos, a los oídos, a las manos. [...] La ternura es el camino que han recorrido los hombres y las mujeres más valientes y fuertes».[191] En medio de la actividad política, «los más pequeños, los más débiles, los más pobres deben enternecernos: tienen "derecho" de llenarnos el alma y el corazón. Sí, ellos son nuestros hermanos y como tales tenemos que amarlos y tratarlos».[192]

195. Esto nos ayuda a reconocer que no siempre se trata de lograr grandes éxitos, que a veces no son posibles. En la actividad política hay que recordar que «más allá de toda apariencia, cada uno es inmensamente sagrado y merece nuestro cariño y nuestra entrega. Por ello, si logro ayudar a una sola persona a vivir mejor, eso ya justifica la entrega de mi vida. Es lindo ser pueblo fiel de Dios. ¡Y alcanzamos plenitud cuando rompemos las paredes y el corazón se nos llena de rostros y de nombres!».[193] Los grandes objetivos soñados en las estrategias se logran parcialmente. Más allá de esto, quien ama y ha dejado de entender la política como una mera búsqueda de poder «tiene

---

[191] *Videomensaje al TED2017 de Vancouver* (26 abril 2017): *L'Osservatore Romano* (27 abril 2017), p. 7.

[192] *Audiencia general* (18 febrero 2015): *L'Osservatore Romano*, ed. semanal en lengua española (20 febrero 2015), p. 2.

[193] Exhort. ap. *Evangelii gaudium* (24 noviembre 2013), 274: *AAS* 105 (2013), 1130.

la seguridad de que no se pierde ninguno de sus trabajos realizados con amor, no se pierde ninguna de sus preocupaciones sinceras por los demás, no se pierde ningún acto de amor a Dios, no se pierde ningún cansancio generoso, no se pierde ninguna dolorosa paciencia. Todo eso da vueltas por el mundo como una fuerza de vida».[194]

196. Por otra parte, una gran nobleza es ser capaz de desatar procesos cuyos frutos serán recogidos por otros, con la esperanza puesta en las fuerzas secretas del bien que se siembra. La buena política une al amor la esperanza, la confianza en las reservas de bien que hay en el corazón del pueblo, a pesar de todo. Por eso «la auténtica vida política, fundada en el derecho y en un diálogo leal entre los protagonistas, se renueva con la convicción de que cada mujer, cada hombre y cada generación encierran en sí mismos una promesa que puede liberar nuevas energías relacionales, intelectuales, culturales y espirituales».[195]

197. Vista de esta manera, la política es más noble que la apariencia, que el *marketing*, que distintas formas de *maquillaje* mediático. Todo eso lo único que logra sembrar es división, enemistad y un escepticismo desolador incapaz de apelar a un proyecto común. Pensando en el futuro, algu-

---

[194] *Ibíd.*, 279: *AAS* 105 (2013), 1132.
[195] *Mensaje para la 52.ª Jornada Mundial de la Paz 1 enero 2019* (8 diciembre 2018), 5: *L'Osservatore Romano*, ed. semanal en lengua española (21 diciembre 2018), p. 7.

nos días las preguntas tienen que ser: "¿Para qué? ¿Hacia dónde estoy apuntando realmente?". Porque, después de unos años, reflexionando sobre el propio pasado la pregunta no será: "¿Cuántos me aprobaron, cuántos me votaron, cuántos tuvieron una imagen positiva de mí?". Las preguntas, quizás dolorosas, serán: "¿Cuánto amor puse en mi trabajo, en qué hice avanzar al pueblo, qué marca dejé en la vida de la sociedad, qué lazos reales construí, qué fuerzas positivas desaté, cuánta paz social sembré, qué provoqué en el lugar que se me encomendó?".

CAPÍTULO SEXTO

DIÁLOGO Y AMISTAD SOCIAL

198.   Acercarse, expresarse, escucharse, mirarse, conocerse, tratar de comprenderse, buscar puntos de contacto, todo eso se resume en el verbo "dialogar". Para encontrarnos y ayudarnos mutuamente necesitamos dialogar. No hace falta decir para qué sirve el diálogo. Me basta pensar qué sería el mundo sin ese diálogo paciente de tantas personas generosas que han mantenido unidas a familias y a comunidades. El diálogo persistente y corajudo no es noticia como los desencuentros y los conflictos, pero ayuda discretamente al mundo a vivir mejor, mucho más de lo que podamos darnos cuenta.

El diálogo social hacia una nueva cultura

199.   Algunos tratan de huir de la realidad refugiándose en mundos privados, y otros la enfrentan con violencia destructiva, pero «entre la indiferencia egoísta y la protesta violenta, siempre hay una opción posible: el diálogo. El diálogo entre las generaciones, el diálogo en el pueblo, porque todos somos pueblo, la capacidad de dar y recibir, permaneciendo abiertos a la verdad. Un país crece cuando sus diversas riquezas culturales dialogan de manera constructiva: la cultura

popular, la universitaria, la juvenil, la artística, la tecnológica, la cultura económica, la cultura de la familia y de los medios de comunicación».[196]

200.   Se suele confundir el diálogo con algo muy diferente: un febril intercambio de opiniones en las redes sociales, muchas veces orientado por información mediática no siempre confiable. Son sólo monólogos que proceden paralelos, quizás imponiéndose a la atención de los demás por sus tonos altos o agresivos. Pero los monólogos no comprometen a nadie, hasta el punto de que sus contenidos frecuentemente son oportunistas y contradictorios.

201.   La resonante difusión de hechos y reclamos en los medios, en realidad suele cerrar las posibilidades del diálogo, porque permite que cada uno mantenga intocables y sin matices sus ideas, intereses y opciones con la excusa de los errores ajenos. Prima la costumbre de descalificar rápidamente al adversario, aplicándole epítetos humillantes, en lugar de enfrentar un diálogo abierto y respetuoso, donde se busque alcanzar una síntesis superadora. Lo peor es que este lenguaje, habitual en el contexto mediático de una campaña política, se ha generalizado de tal manera que todos lo utilizan cotidianamente. El debate frecuentemente es manoseado por determinados intereses que tienen mayor poder, procurando

---

[196] *Discurso en el encuentro con la clase dirigente*, Río de Janeiro – Brasil (27 julio 2013): *AAS* 105 (2013), 683-684.

deshonestamente inclinar la opinión pública a su favor. No me refiero solamente al gobierno de turno, ya que este poder manipulador puede ser económico, político, mediático, religioso o de cualquier género. A veces se lo justifica o excusa cuando su dinámica responde a los propios intereses económicos o ideológicos, pero tarde o temprano se vuelve en contra de esos mismos intereses.

202.   La falta de diálogo implica que ninguno, en los distintos sectores, está preocupado por el bien común, sino por la adquisición de los beneficios que otorga el poder, o en el mejor de los casos, por imponer su forma de pensar. Así las conversaciones se convertirán en meras negociaciones para que cada uno pueda rasguñar todo el poder y los mayores beneficios posibles, no en una búsqueda conjunta que genere bien común. Los héroes del futuro serán los que sepan romper esa lógica enfermiza y decidan sostener con respeto una palabra cargada de verdad, más allá de las conveniencias personales. Dios quiera que esos héroes se estén gestando silenciosamente en el corazón de nuestra sociedad.

Construir en común

203.   El auténtico diálogo social supone la capacidad de respetar el punto de vista del otro aceptando la posibilidad de que encierre algunas convicciones o intereses legítimos. Desde su identidad, el otro tiene algo para aportar, y es de-

seable que profundice y exponga su propia posición para que el debate público sea más completo todavía. Es cierto que cuando una persona o un grupo es coherente con lo que piensa, adhiere firmemente a valores y convicciones, y desarrolla un pensamiento, eso de un modo o de otro beneficiará a la sociedad. Pero esto sólo ocurre realmente en la medida en que dicho desarrollo se realice en diálogo y apertura a los otros. Porque «en un verdadero espíritu de diálogo se alimenta la capacidad de comprender el sentido de lo que el otro dice y hace, aunque uno no pueda asumirlo como una convicción propia. Así se vuelve posible ser sinceros, no disimular lo que creemos, sin dejar de conversar, de buscar puntos de contacto, y sobre todo de trabajar y luchar juntos».[197] La discusión pública, si verdaderamente da espacio a todos y no manipula ni esconde información, es un permanente estímulo que permite alcanzar más adecuadamente la verdad, o al menos expresarla mejor. Impide que los diversos sectores se instalen cómodos y autosuficientes en su modo de ver las cosas y en sus intereses limitados. Pensemos que «las diferencias son creativas, crean tensión y en la resolución de una tensión está el progreso de la humanidad».[198]

204. Hoy existe la convicción de que, además de los desarrollos científicos especializados,

[197] Exhort. ap. postsin. *Querida Amazonia* (2 febrero 2020), 108.

[198] Del film *El Papa Francisco – Un hombre de palabra. La esperanza es un mensaje universal,* de Wim Wenders (2018).

es necesaria la comunicación entre disciplinas, puesto que la realidad es una, aunque pueda ser abordada desde distintas perspectivas y con diferentes metodologías. No se debe soslayar el riesgo de que un avance científico sea considerado el único abordaje posible para comprender algún aspecto de la vida, de la sociedad y del mundo. En cambio, un investigador que avanza con eficiencia en su análisis, e igualmente está dispuesto a reconocer otras dimensiones de la realidad que él investiga, gracias al trabajo de otras ciencias y saberes, se abre a conocer la realidad de manera más íntegra y plena.

205. En este mundo globalizado «los medios de comunicación pueden ayudar a que nos sintamos más cercanos los unos de los otros, a que percibamos un renovado sentido de unidad de la familia humana que nos impulse a la solidaridad y al compromiso serio por una vida más digna para todos. [...] Pueden ayudarnos en esta tarea, especialmente hoy, cuando las redes de la comunicación humana han alcanzado niveles de desarrollo inauditos. En particular, internet puede ofrecer mayores posibilidades de encuentro y de solidaridad entre todos; y esto es algo bueno, es un don de Dios».[199] Pero es necesario verificar constantemente que las actuales formas de comunicación nos orienten efectivamente al

[199] *Mensaje para la 48.ª Jornada Mundial de las Comunicaciones Sociales* (24 enero 2014): *AAS* 106 (2014), 113; *L'Osservatore Romano*, ed. semanal en lengua española (24 enero 2014), p. 3.

encuentro generoso, a la búsqueda sincera de la verdad íntegra, al servicio, a la cercanía con los últimos, a la tarea de construir el bien común. Al mismo tiempo, como enseñaron los Obispos de Australia, «no podemos aceptar un mundo digital diseñado para explotar nuestra debilidad y sacar afuera lo peor de la gente».[200]

EL FUNDAMENTO DE LOS CONSENSOS

206.   El relativismo no es la solución. Envuelto detrás de una supuesta tolerancia, termina facilitando que los valores morales sean interpretados por los poderosos según las conveniencias del momento. Si en definitiva «no hay verdades objetivas ni principios sólidos, fuera de la satisfacción de los propios proyectos y de las necesidades inmediatas [...] no podemos pensar que los proyectos políticos o la fuerza de la ley serán suficientes. [...] Cuando es la cultura la que se corrompe y ya no se reconoce alguna verdad objetiva o unos principios universalmente válidos, las leyes sólo se entenderán como imposiciones arbitrarias y como obstáculos a evitar».[201]

207.   ¿Es posible prestar atención a la verdad, buscar la verdad que responde a nuestra realidad más honda? ¿Qué es la ley sin la convicción al-

---

[200] CONFERENCIA DE OBISPOS CATÓLICOS DE AUSTRALIA – Departamento de Justicia social, *Making it real: genuine human encounter in our digital world* (noviembre 2019), 5.

[201] Carta enc. *Laudato si'* (24 mayo 2015), 123: *AAS* 107 (2015), 896.

canzada tras un largo camino de reflexión y de sabiduría, de que cada ser humano es sagrado e inviolable? Para que una sociedad tenga futuro es necesario que haya asumido un sentido respeto hacia la verdad de la dignidad humana, a la que nos sometemos. Entonces no se evitará matar a alguien sólo para evitar el escarnio social y el peso de la ley, sino por convicción. Es una verdad irrenunciable que reconocemos con la razón y aceptamos con la conciencia. Una sociedad es noble y respetable también por su cultivo de la búsqueda de la verdad y por su apego a las verdades más fundamentales.

208.   Hay que acostumbrarse a desenmascarar las diversas maneras de manoseo, desfiguración y ocultamiento de la verdad en los ámbitos públicos y privados. Lo que llamamos "verdad" no es sólo la difusión de hechos que realiza el periodismo. Es ante todo la búsqueda de los fundamentos más sólidos que están detrás de nuestras opciones y también de nuestras leyes. Esto supone aceptar que la inteligencia humana puede ir más allá de las conveniencias del momento y captar algunas verdades que no cambian, que eran verdad antes de nosotros y lo serán siempre. Indagando la naturaleza humana, la razón descubre valores que son universales, porque derivan de ella.

209.   De otro modo, ¿no podría suceder quizás que los derechos humanos fundamentales, hoy considerados infranqueables, sean negados por los poderosos de turno, luego de haber logrado

el "consenso" de una población adormecida y amedrentada? Tampoco sería suficiente un mero consenso entre los distintos pueblos, igualmente manipulable. Ya tenemos pruebas de sobra de todo el bien que somos capaces de realizar, pero, al mismo tiempo, tenemos que reconocer la capacidad de destrucción que hay en nosotros. El individualismo indiferente y despiadado en el que hemos caído, ¿no es también resultado de la pereza para buscar los valores más altos, que vayan más allá de las necesidades circunstanciales? Al relativismo se suma el riesgo de que el poderoso o el más hábil termine imponiendo una supuesta verdad. En cambio, «ante las normas morales que prohíben el mal intrínseco no hay privilegios ni excepciones para nadie. No hay ninguna diferencia entre ser el dueño del mundo o el último de los miserables de la tierra: ante las exigencias morales somos todos absolutamente iguales».[202]

210. Lo que nos ocurre hoy, y nos arrastra en una lógica perversa y vacía, es que hay una asimilación de la ética y de la política a la física. No existen el bien y el mal en sí, sino solamente un cálculo de ventajas y desventajas. El desplazamiento de la razón moral trae como consecuencia que el derecho no puede referirse a una concepción fundamental de justicia, sino que se convierte en el espejo de las ideas dominantes. Entramos aquí en una degradación: ir "nivelando

<hr>

[202] S. Juan Pablo II, Carta enc. *Veritatis splendor* (6 agosto 1993), 96: *AAS* 85 (1993), 1209.

hacia abajo" por medio de un consenso superficial y negociador. Así, en definitiva, la lógica de la fuerza triunfa.

El consenso y la verdad

211.   En una sociedad pluralista, el diálogo es el camino más adecuado para llegar a reconocer aquello que debe ser siempre afirmado y respetado, y que está más allá del consenso circunstancial. Hablamos de un diálogo que necesita ser enriquecido e iluminado por razones, por argumentos racionales, por variedad de perspectivas, por aportes de diversos saberes y puntos de vista, y que no excluye la convicción de que es posible llegar a algunas verdades elementales que deben y deberán ser siempre sostenidas. Aceptar que hay algunos valores permanentes, aunque no siempre sea fácil reconocerlos, otorga solidez y estabilidad a una ética social. Aun cuando los hayamos reconocido y asumido gracias al diálogo y al consenso, vemos que esos valores básicos están más allá de todo consenso, los reconocemos como valores trascendentes a nuestros contextos y nunca negociables. Podrá crecer nuestra comprensión de su significado y alcance —y en ese sentido el consenso es algo dinámico—, pero en sí mismos son apreciados como estables por su sentido intrínseco.

212.   Si algo es siempre conveniente para el buen funcionamiento de la sociedad, ¿no es porque detrás de eso hay una verdad permanente,

143

que la inteligencia puede captar? En la realidad misma del ser humano y de la sociedad, en su naturaleza íntima, hay una serie de estructuras básicas que sostienen su desarrollo y su super-vivencia. De allí se derivan determinadas exigencias que pueden ser descubiertas gracias al diálogo, si bien no son estrictamente fabricadas por el consenso. El hecho de que ciertas normas sean indispensables para la misma vida social es un indicio externo de que son algo bueno en sí mismo. Por consiguiente, no es necesario contraponer la conveniencia social, el consenso y la realidad de una verdad objetiva. Estas tres pueden unirse armoniosamente cuando, a través del diálogo, las personas se atreven a llegar hasta el fondo de una cuestión.

213. Si hay que respetar en toda situación la dignidad ajena, es porque nosotros no inventamos o suponemos la dignidad de los demás, sino porque hay efectivamente en ellos un valor que supera las cosas materiales y las circunstancias, y que exige que se les trate de otra manera. Que todo ser humano posee una dignidad inalienable es una verdad que responde a la naturaleza humana más allá de cualquier cambio cultural. Por eso el ser humano tiene la misma dignidad inviolable en cualquier época de la historia y nadie puede sentirse autorizado por las circunstancias a negar esta convicción o a no obrar en consecuencia. La inteligencia puede entonces escrutar en la realidad de las cosas, a través de la reflexión,

de la experiencia y del diálogo, para reconocer en esa realidad que la trasciende la base de ciertas exigencias morales universales.

214. A los agnósticos, este fundamento podrá parecerles suficiente para otorgar una firme y estable validez universal a los principios éticos básicos y no negociables, que pueda impedir nuevas catástrofes. Para los creyentes, esa naturaleza humana, fuente de principios éticos, ha sido creada por Dios, quien, en definitiva, otorga un fundamento sólido a esos principios.[203] Esto no establece un fijismo ético ni da lugar a la imposición de algún sistema moral, puesto que los principios morales elementales y universalmente válidos pueden dar lugar a diversas normativas prácticas. Por eso deja siempre un lugar para el diálogo.

UNA NUEVA CULTURA

215. «La vida es el arte del encuentro, aunque haya tanto desencuentro por la vida».[204] Reiteradas veces he invitado a desarrollar una cultura del encuentro, que vaya más allá de las dialécticas que enfrentan. Es un estilo de vida tendiente a conformar ese poliedro que tiene muchas facetas, muchísimos lados, pero todos formando una unidad cargada de matices, ya que «el todo

---

[203] Los cristianos creemos, además, que Dios nos ofrece su gracia para que sea posible actuar como hermanos.

[204] VINICIUS DE MORAES, *Samba de la bendición (Samba da Bênção)*, en el disco *Um encontro no Au bon Gourmet*, Río de Janeiro (2 agosto 1962).

es superior a la parte».[205] El poliedro representa una sociedad donde las diferencias conviven complementándose, enriqueciéndose e iluminándose recíprocamente, aunque esto implique discusiones y prevenciones. Porque de todos se puede aprender algo, nadie es inservible, nadie es prescindible. Esto implica incluir a las periferias. Quien está en ellas tiene otro punto de vista, ve aspectos de la realidad que no se reconocen desde los centros de poder donde se toman las decisiones más definitorias.

El encuentro hecho cultura

216. La palabra "cultura" indica algo que ha penetrado en el pueblo, en sus convicciones más entrañables y en su estilo de vida. Si hablamos de una "cultura" en el pueblo, eso es más que una idea o una abstracción. Incluye las ganas, el entusiasmo y finalmente una forma de vivir que caracteriza a ese conjunto humano. Entonces, hablar de "cultura del encuentro" significa que como pueblo nos apasiona intentar encontrarnos, buscar puntos de contacto, tender puentes, proyectar algo que incluya a todos. Esto se ha convertido en deseo y en estilo de vida. El sujeto de esta cultura es el pueblo, no un sector de la sociedad que busca pacificar al resto con recursos profesionales y mediáticos.

---

[205] Exhort. ap. *Evangelii gaudium* (24 noviembre 2013), 237: *AAS* 105 (2013), 1116.

217.	La paz social es trabajosa, artesanal. Sería más fácil contener las libertades y las diferencias con un poco de astucia y de recursos. Pero esa paz sería superficial y frágil, no el fruto de una cultura del encuentro que la sostenga. Integrar a los diferentes es mucho más difícil y lento, aunque es la garantía de una paz real y sólida. Esto no se consigue agrupando sólo a los puros, porque «aun las personas que puedan ser cuestionadas por sus errores, tienen algo que aportar que no debe perderse».[206] Tampoco consiste en una paz que surge acallando las reivindicaciones sociales o evitando que hagan lío, ya que no es «un consenso de escritorio o una efímera paz para una minoría feliz».[207] Lo que vale es generar *procesos* de encuentro, procesos que construyan un pueblo que sabe recoger las diferencias. ¡Armemos a nuestros hijos con las armas del diálogo! ¡Enseñémosles la buena batalla del encuentro!

El gusto de reconocer al otro

218.	Esto implica el hábito de reconocer al otro el derecho de ser él mismo y de ser diferente. A partir de ese reconocimiento hecho cultura se vuelve posible la gestación de un pacto social. Sin ese reconocimiento surgen maneras sutiles de buscar que el otro pierda todo significado, que se vuelva irrelevante, que no se le reconozca algún valor en la sociedad. Detrás del rechazo de

[206]	*Ibíd.*, 236: *AAS* 105 (2013), 1115.
[207]	*Ibíd.*, 218: *AAS* 105 (2013), 1110.

determinadas formas visibles de violencia, suele esconderse otra violencia más solapada: la de quienes desprecian al diferente, sobre todo cuando sus reclamos perjudican de algún modo los propios intereses.

219.   Cuando un sector de la sociedad pretende disfrutar de todo lo que ofrece el mundo, como si los pobres no existieran, eso en algún momento tiene sus consecuencias. Ignorar la existencia y los derechos de los otros, tarde o temprano provoca alguna forma de violencia, muchas veces inesperada. Los sueños de la libertad, la igualdad y la fraternidad pueden quedar en el nivel de las meras formalidades, porque no son efectivamente para todos. Por lo tanto, no se trata solamente de buscar un encuentro entre los que detentan diversas formas de poder económico, político o académico. Un encuentro social real pone en verdadero diálogo las grandes formas culturales que representan a la mayoría de la población. Con frecuencia las buenas propuestas no son asumidas por los sectores más empobrecidos porque se presentan con un ropaje cultural que no es el de ellos y con el que no pueden sentirse identificados. Por consiguiente, un pacto social realista e inclusivo debe ser también un "pacto cultural", que respete y asuma las diversas cosmovisiones, culturas o estilos de vida que coexisten en la sociedad.

220.   Por ejemplo, los pueblos originarios no están en contra del progreso, si bien tienen una

idea de progreso diferente, muchas veces más humanista que la de la cultura moderna de los desarrollados. No es una cultura orientada al beneficio de los que tienen poder, de los que necesitan crear una especie de paraíso eterno en la tierra. La intolerancia y el desprecio ante las culturas populares indígenas es una verdadera forma de violencia, propia de los "eticistas" sin bondad que viven juzgando a los demás. Pero ningún cambio auténtico, profundo y estable es posible si no se realiza a partir de las diversas culturas, principalmente de los pobres. Un pacto cultural supone renunciar a entender la identidad de un lugar de manera monolítica, y exige respetar la diversidad ofreciéndole caminos de promoción y de integración social.

221.   Este pacto también implica aceptar la posibilidad de ceder algo por el bien común. Ninguno podrá tener toda la verdad ni satisfacer la totalidad de sus deseos, porque esa pretensión llevaría a querer destruir al otro negándole sus derechos. La búsqueda de una falsa tolerancia tiene que ceder paso al realismo dialogante, de quien cree que debe ser fiel a sus principios, pero reconociendo que el otro también tiene el derecho de tratar de ser fiel a los suyos. Es el auténtico reconocimiento del otro, que sólo el amor hace posible, y que significa colocarse en el lugar del otro para descubrir qué hay de auténtico, o al menos de comprensible, en medio de sus motivaciones e intereses.

222. El individualismo consumista provoca mucho atropello. Los demás se convierten en meros obstáculos para la propia tranquilidad placentera. Entonces se los termina tratando como molestias y la agresividad crece. Esto se acentúa y llega a niveles exasperantes en épocas de crisis, en situaciones catastróficas, en momentos difíciles donde sale a plena luz el espíritu del "sálvese quien pueda". Sin embargo, todavía es posible optar por el cultivo de la amabilidad. Hay personas que lo hacen y se convierten en estrellas en medio de la oscuridad.

223. San Pablo mencionaba un fruto del Espíritu Santo con la palabra griega *jrestótes* (*Ga* 5,22), que expresa un estado de ánimo que no es áspero, rudo, duro, sino afable, suave, que sostiene y conforta. La persona que tiene esta cualidad ayuda a los demás a que su existencia sea más soportable, sobre todo cuando cargan con el peso de sus problemas, urgencias y angustias. Es una manera de tratar a otros que se manifiesta de diversas formas: como amabilidad en el trato, como un cuidado para no herir con las palabras o gestos, como un intento de aliviar el peso de los demás. Implica «decir palabras de aliento, que reconfortan, que fortalecen, que consuelan, que estimulan», en lugar de «palabras que humillan, que entristecen, que irritan, que desprecian».[208]

[208] Exhort. ap. postsin. *Amoris laetitia* (19 marzo 2016), 100: *AAS* 108 (2016), 351.

224. La amabilidad es una liberación de la crueldad que a veces penetra las relaciones humanas, de la ansiedad que no nos deja pensar en los demás, de la urgencia distraída que ignora que los otros también tienen derecho a ser felices. Hoy no suele haber ni tiempo ni energías disponibles para detenerse a tratar bien a los demás, a decir "permiso", "perdón", "gracias". Pero de vez en cuando aparece el milagro de una persona amable, que deja a un lado sus ansiedades y urgencias para prestar atención, para regalar una sonrisa, para decir una palabra que estimule, para posibilitar un espacio de escucha en medio de tanta indiferencia. Este esfuerzo, vivido cada día, es capaz de crear esa convivencia sana que vence las incomprensiones y previene los conflictos. El cultivo de la amabilidad no es un detalle menor ni una actitud superficial o burguesa. Puesto que supone valoración y respeto, cuando se hace cultura en una sociedad transfigura profundamente el estilo de vida, las relaciones sociales, el modo de debatir y de confrontar ideas. Facilita la búsqueda de consensos y abre caminos donde la exasperación destruye todos los puentes.

CAPÍTULO SÉPTIMO

CAMINOS DE REENCUENTRO

225.   En muchos lugares del mundo hacen falta caminos de paz que lleven a cicatrizar las heridas, se necesitan artesanos de paz dispuestos a generar procesos de sanación y de reencuentro con ingenio y audacia.

Recomenzar desde la verdad

226.   Reencuentro no significa volver a un momento anterior a los conflictos. Con el tiempo todos hemos cambiado. El dolor y los enfrentamientos nos han transformado. Además, ya no hay lugar para diplomacias vacías, para disimulos, para dobles discursos, para ocultamientos, para buenos modales que esconden la realidad. Los que han estado duramente enfrentados conversan desde la verdad, clara y desnuda. Les hace falta aprender a cultivar una memoria penitencial, capaz de asumir el pasado para liberar el futuro de las propias insatisfacciones, confusiones o proyecciones. Sólo desde la verdad histórica de los hechos podrán hacer el esfuerzo perseverante y largo de comprenderse mutuamente y de intentar una nueva síntesis para el bien de todos. La realidad es que «el proceso de paz es un compromiso constante en el tiempo. Es un trabajo pa-

ciente que busca la verdad y la justicia, que honra
la memoria de las víctimas y que se abre, paso
a paso, a una esperanza común, más fuerte que
la venganza».[209] Como dijeron los Obispos del
Congo con respecto a un conflicto que se repite,
«los acuerdos de paz en los papeles nunca serán
suficientes. Será necesario ir más lejos, integran-
do la exigencia de verdad sobre los orígenes de
esta crisis recurrente. El pueblo tiene el derecho
de saber qué pasó».[210]

227. En efecto, «la verdad es una compañera
inseparable de la justicia y de la misericordia. Las
tres juntas son esenciales para construir la paz y,
por otra parte, cada una de ellas impide que las
otras sean alteradas. […] La verdad no debe, de
hecho, conducir a la venganza, sino más bien a
la reconciliación y al perdón. Verdad es contar
a las familias desgarradas por el dolor lo que ha
ocurrido con sus parientes desaparecidos. Verdad es confesar qué pasó con los menores de
edad reclutados por los actores violentos. Verdad
es reconocer el dolor de las mujeres víctimas de
violencia y de abusos. […] Cada violencia come-
tida contra un ser humano es una herida en la
carne de la humanidad; cada muerte violenta nos
disminuye como personas. […] La violencia en-

---

[209] *Mensaje para la 53.ª Jornada Mundial de la Paz 1 enero 2020*
(8 diciembre 2019), 2: *L'Osservatore Romano,* ed. semanal en lengua española (13 septiembre 2019), p. 6.
[210] Conferencia Episcopal del Congo, *Message au Peuple
de Dieu et aux femmes et aux hommes de bonne volonté* (9 mayo 2018).

gendra violencia, el odio engendra más odio, y la muerte más muerte. Tenemos que romper esa cadena que se presenta como ineludible».[211]

La arquitectura y la artesanía de la paz

228. El camino hacia la paz no implica homogeneizar la sociedad, pero sí nos permite trabajar juntos. Puede unir a muchos en pos de búsquedas comunes donde todos ganan. Frente a un determinado objetivo común, se podrán aportar diferentes propuestas técnicas, distintas experiencias, y trabajar por el bien común. Es necesario tratar de identificar bien los problemas que atraviesa una sociedad para aceptar que existen diferentes maneras de mirar las dificultades y de resolverlas. El camino hacia una mejor convivencia implica siempre reconocer la posibilidad de que el otro aporte una perspectiva legítima, al menos en parte, algo que pueda ser rescatado, aun cuando se haya equivocado o haya actuado mal. Porque «nunca se debe encasillar al otro por lo que pudo decir o hacer, sino que debe ser considerado por la promesa que lleva dentro de él»,[212] promesa que deja siempre un resquicio de esperanza.

---

[211] *Discurso en el gran encuentro de oración por la reconciliación nacional,* Villavicencio – Colombia (8 septiembre 2017): *AAS* 109 (2017), 1063-1064.1066.

[212] *Mensaje para la 53.ª Jornada Mundial de la Paz 1 enero 2020* (8 diciembre 2019), 3: *L'Osservatore Romano,* ed. semanal en lengua española (13 diciembre 2019), p. 7.

229.   Como enseñaron los Obispos de Sudáfrica, la verdadera reconciliación se alcanza de manera proactiva, «formando una nueva sociedad basada en el servicio a los demás, más que en el deseo de dominar; una sociedad basada en compartir con otros lo que uno posee, más que en la lucha egoísta de cada uno por la mayor riqueza posible; una sociedad en la que el valor de estar juntos como seres humanos es definitivamente más importante que cualquier grupo menor, sea este la familia, la nación, la raza o la cultura».[213] Los Obispos de Corea del Sur señalaron que una verdadera paz «sólo puede lograrse cuando luchamos por la justicia a través del diálogo, persiguiendo la reconciliación y el desarrollo mutuo».[214]

230.   El esfuerzo duro por superar lo que nos divide sin perder la identidad de cada uno, supone que en todos permanezca vivo un básico sentimiento de pertenencia. Porque «nuestra sociedad gana cuando cada persona, cada grupo social, se siente verdaderamente de casa. En una familia, los padres, los abuelos, los hijos son de casa; ninguno está excluido. Si uno tiene una dificultad, incluso grave, aunque se la haya buscado él, los demás acuden en su ayuda, lo apoyan; su dolor es de todos. [...] En las familias todos contribuyen

---

[213] Conferencia de Obispos de Sudáfrica, *Pastoral letter on christian hope in the current crisis* (mayo 1986).

[214] Conferencia de Obispos católicos de Corea, *Appeal of the Catholic Church in Korea for Peace on the Korean Peninsula* (15 agosto 2017).

al proyecto común, todos trabajan por el bien común, pero sin anular al individuo; al contrario, lo sostienen, lo promueven. Se pelean, pero hay algo que no se mueve: ese lazo familiar. Las peleas de familia son reconciliaciones después. Las alegrías y las penas de cada uno son asumidas por todos. ¡Eso sí es ser familia! Si pudiéramos lograr ver al oponente político o al vecino de casa con los mismos ojos que a los hijos, esposas, esposos, padres o madres, qué bueno sería. ¿Amamos nuestra sociedad o sigue siendo algo lejano, algo anónimo, que no nos involucra, no nos mete, no nos compromete?».[215]

231. Muchas veces es muy necesario negociar y así desarrollar cauces concretos para la paz. Pero los procesos efectivos de una paz duradera son ante todo transformaciones artesanales obradas por los pueblos, donde cada ser humano puede ser un fermento eficaz con su estilo de vida cotidiana. Las grandes transformaciones no son fabricadas en escritorios o despachos. Entonces «cada uno juega un papel fundamental en un único proyecto creador, para escribir una nueva página de la historia, una página llena de esperanza, llena de paz, llena de reconciliación».[216] Hay una "arquitectura" de la paz, donde intervienen

[215] *Discurso a la sociedad civil*, Quito – Ecuador (7 julio 2015): *L'Osservatore Romano*, ed. semanal en lengua española (10 julio 2015), p. 7.
[216] *Encuentro interreligioso con los jóvenes*, Maputo – Mozambique (5 septiembre 2019): *L'Osservatore Romano*, ed. semanal en lengua española (13 septiembre 2019), p. 3.

las diversas instituciones de la sociedad, cada una desde su competencia, pero hay también una "artesanía" de la paz que nos involucra a todos. A partir de diversos procesos de paz que se desarrollaron en distintos lugares del mundo «hemos aprendido que estos caminos de pacificación, de primacía de la razón sobre la venganza, de delicada armonía entre la política y el derecho, no pueden obviar los procesos de la gente. No se alcanzan con el diseño de marcos normativos y arreglos institucionales entre grupos políticos o económicos de buena voluntad. [...] Además, siempre es rico incorporar en nuestros procesos de paz la experiencia de sectores que, en muchas ocasiones, han sido invisibilizados, para que sean precisamente las comunidades quienes coloreen los procesos de memoria colectiva».[217]

232. No hay punto final en la construcción de la paz social de un país, sino que es «una tarea que no da tregua y que exige el compromiso de todos. Trabajo que nos pide no decaer en el esfuerzo por construir la unidad de la nación y, a pesar de los obstáculos, diferencias y distintos enfoques sobre la manera de lograr la convivencia pacífica, persistir en la lucha para favorecer la cultura del encuentro, que exige colocar en el centro de toda acción política, social y económica, a la persona humana, su altísima dignidad, y el respeto por el bien común. Que este esfuerzo nos haga huir de

[217] *Homilía durante la Santa Misa*, Cartagena de Indias – Colombia (10 septiembre 2017): *AAS* 109 (2017), 1086.

toda tentación de venganza y búsqueda de intereses sólo particulares y a corto plazo».[218] Las manifestaciones públicas violentas, de un lado o de otro, no ayudan a encontrar caminos de salida. Sobre todo porque, como bien han señalado los Obispos de Colombia, cuando se alientan «movilizaciones ciudadanas no siempre aparecen claros sus orígenes y objetivos, hay ciertas formas de manipulación política y se han percibido apropiaciones a favor de intereses particulares».[219]

Sobre todo con los últimos

233.   La procura de la amistad social no implica solamente el acercamiento entre grupos sociales distanciados a partir de algún período conflictivo de la historia, sino también la búsqueda de un reencuentro con los sectores más empobrecidos y vulnerables. La paz «no sólo es ausencia de guerra sino el compromiso incansable —especialmente de aquellos que ocupamos un cargo de más amplia responsabilidad— de reconocer, garantizar y reconstruir concretamente la dignidad tantas veces olvidada o ignorada de hermanos nuestros, para que puedan sentirse los principales protagonistas del destino de su nación».[220]

---

[218] *Discurso a las autoridades, el Cuerpo diplomático y algunos representantes de la sociedad civil*, Bogotá – Colombia (7 septiembre 2017): *AAS* 109 (2017), 1029.

[219] CONFERENCIA EPISCOPAL DE COLOMBIA, *Por el bien de Colombia: diálogo, reconciliación y desarrollo integral* (26 noviembre 2019), 4.

[220] *Discurso a las autoridades, la sociedad civil y el Cuerpo diplomático*, Maputo – Mozambique (5 septiembre 2019): *L'Osservatore Romano*, ed. semanal en lengua española (13 septiembre 2019), p. 2.

234. Frecuentemente se ha ofendido a los últimos de la sociedad con generalizaciones injustas. Si a veces los más pobres y los descartados reaccionan con actitudes que parecen antisociales, es importante entender que muchas veces esas reacciones tienen que ver con una historia de menosprecio y de falta de inclusión social. Como enseñaron los Obispos latinoamericanos, «sólo la cercanía que nos hace amigos nos permite apreciar profundamente los valores de los pobres de hoy, sus legítimos anhelos y su modo propio de vivir la fe. La opción por los pobres debe conducirnos a la amistad con los pobres».[221]

235. Quienes pretenden pacificar a una sociedad no deben olvidar que la inequidad y la falta de un desarrollo humano integral no permiten generar paz. En efecto, «sin igualdad de oportunidades, las diversas formas de agresión y de guerra encontrarán un caldo de cultivo que tarde o temprano provocará su explosión. Cuando la sociedad —local, nacional o mundial— abandona en la periferia una parte de sí misma, no habrá programas políticos ni recursos policiales o de inteligencia que puedan asegurar indefinidamente la tranquilidad».[222] Si hay que volver a empezar, siempre será desde los últimos.

---

[221] V Conferencia General del Episcopado Latinoamericano y del Caribe, *Documento de Aparecida* (29 junio 2007), 398.

[222] Exhort. ap. *Evangelii gaudium* (24 noviembre 2013), 59: *AAS* 105 (2013), 1044.

236. Algunos prefieren no hablar de reconciliación porque entienden que el conflicto, la violencia y las rupturas son parte del funcionamiento normal de una sociedad. De hecho, en cualquier grupo humano hay luchas de poder más o menos sutiles entre distintos sectores. Otros sostienen que dar lugar al perdón es ceder el propio espacio para que otros dominen la situación. Por eso, consideran que es mejor mantener un juego de poder que permita sostener un equilibrio de fuerzas entre los distintos grupos. Otros creen que la reconciliación es cosa de débiles, que no son capaces de un diálogo hasta el fondo, y por eso optan por escapar de los problemas disimulando las injusticias. Incapaces de enfrentar los problemas, eligen una paz aparente.

El conflicto inevitable

237. El perdón y la reconciliación son temas fuertemente acentuados en el cristianismo y, de diversas formas, en otras religiones. El riesgo está en no comprender adecuadamente las convicciones creyentes y presentarlas de tal modo que terminen alimentando el fatalismo, la inercia o la injusticia, o por otro lado la intolerancia y la violencia.

238. Jesucristo nunca invitó a fomentar la violencia o la intolerancia. Él mismo condenaba abiertamente el uso de la fuerza para imponerse

a los demás: «Ustedes saben que los jefes de las naciones las someten y los poderosos las dominan. Entre ustedes no debe ser así» (*Mt* 20,25-26). Por otra parte, el Evangelio pide perdonar «setenta veces siete» (*Mt* 18,22) y pone el ejemplo del servidor despiadado, que fue perdonado pero él a su vez no fue capaz de perdonar a otros (cf. *Mt* 18,23-35).

239. Si leemos otros textos del Nuevo Testamento, podemos advertir que de hecho las comunidades primitivas, inmersas en un mundo pagano desbordado de corrupción y desviaciones, vivían un sentido de paciencia, tolerancia, comprensión. Algunos textos son muy claros al respecto: se invita a reprender a los adversarios con dulzura (cf. *2 Tm* 2,25). O se exhorta: «Que no injurien a nadie ni sean agresivos, sino amables, demostrando una gran humildad con todo el mundo. Porque nosotros también antes [...] éramos detestables» (*Tt* 3,2-3). El libro de los Hechos de los Apóstoles afirma que los discípulos, perseguidos por algunas autoridades, «gozaban de la estima de todo el pueblo» (2,47; cf. 4,21.33; 5,13).

240. Sin embargo, cuando reflexionamos acerca del perdón, de la paz y de la concordia social, nos encontramos con una expresión de Jesucristo que nos sorprende: «No piensen que vine a traer paz a la tierra. ¡No vine a traer paz, sino espada! Vine a enfrentar al hijo contra su padre, a la hija contra su madre, a la nuera contra su suegra y así, los enemigos de cada uno serán los

de su familia» (*Mt* 10,34-36). Es importante situarla en el contexto del capítulo donde está inserta. Allí queda claro que el tema del que se está hablando es el de la fidelidad a la propia opción, sin avergonzarse, aunque eso acarree contrariedades, y aunque los seres queridos se opongan a dicha opción. Por lo tanto, dichas palabras no invitan a buscar conflictos, sino simplemente a soportar el conflicto inevitable, para que el respeto humano no lleve a faltar a la fidelidad en pos de una supuesta paz familiar o social. San Juan Pablo II ha dicho que la Iglesia «no pretende condenar todas y cada una de las formas de conflictividad social. La Iglesia sabe muy bien que, a lo largo de la historia, surgen inevitablemente los conflictos de intereses entre diversos grupos sociales y que frente a ellos el cristiano no pocas veces debe pronunciarse con coherencia y decisión».[223]

Las luchas legítimas y el perdón

241. No se trata de proponer un perdón renunciando a los propios derechos ante un poderoso corrupto, ante un criminal o ante alguien que degrada nuestra dignidad. Estamos llamados a amar a todos, sin excepción, pero amar a un opresor no es consentir que siga siendo así; tampoco es hacerle pensar que lo que él hace es aceptable. Al contrario, amarlo bien es buscar de

---

[223] Carta enc. *Centesimus annus* (1 mayo 1991), 14: *AAS* 83 (1991), 810.

distintas maneras que deje de oprimir, es quitarle
ese poder que no sabe utilizar y que lo desfigu-
ra como ser humano. Perdonar no quiere decir
permitir que sigan pisoteando la propia dignidad
y la de los demás, o dejar que un criminal conti-
núe haciendo daño. Quien sufre la injusticia tiene
que defender con fuerza sus derechos y los de
su familia precisamente porque debe preservar
la dignidad que se le ha dado, una dignidad que
Dios ama. Si un delincuente me ha hecho daño a
mí o a un ser querido, nadie me prohíbe que exija
justicia y que me preocupe para que esa persona —o cualquier otra— no vuelva a dañarme ni
haga el mismo daño a otros. Corresponde que lo
haga, y el perdón no sólo no anula esa necesidad
sino que la reclama.

242.   La clave está en no hacerlo para alimentar
una ira que enferma el alma personal y el alma
de nuestro pueblo, o por una necesidad enfermiza de destruir al otro que desata una carrera
de venganza. Nadie alcanza la paz interior ni se
reconcilia con la vida de esa manera. La verdad es
que «ninguna familia, ningún grupo de vecinos o
una etnia, menos un país, tiene futuro si el motor
que los une, convoca y tapa las diferencias es la
venganza y el odio. No podemos ponernos de
acuerdo y unirnos para vengarnos, para hacerle al
que fue violento lo mismo que él nos hizo, para
planificar ocasiones de desquite bajo formatos

aparentemente legales».[224] Así no se gana nada y a la larga se pierde todo.

243.   Es cierto que «no es tarea fácil superar el amargo legado de injusticias, hostilidad y desconfianza que dejó el conflicto. Esto sólo se puede conseguir venciendo el mal con el bien (cf. *Rm* 12,21) y mediante el cultivo de las virtudes que favorecen la reconciliación, la solidaridad y la paz».[225] De ese modo, «quien cultiva la bondad en su interior recibe a cambio una conciencia tranquila, una alegría profunda aun en medio de las dificultades y de las incomprensiones. Incluso ante las ofensas recibidas, la bondad no es debilidad, sino auténtica fuerza, capaz de renunciar a la venganza».[226] Es necesario reconocer en la propia vida que «también ese duro juicio que albergo en mi corazón contra mi hermano o mi hermana, esa herida no curada, ese mal no perdonado, ese rencor que sólo me hará daño, es un pedazo de guerra que llevo dentro, es un fuego en el corazón, que hay que apagar para que no se convierta en un incendio».[227]

[224] *Homilía durante la Santa Misa por el progreso de los pueblos*, Maputo – Mozambique (6 septiembre 2019): *L'Osservatore Romano*, ed. semanal en lengua española (13 septiembre 2019), p. 7.

[225] *Discurso en la ceremonia de bienvenida*, Colombo – Sri Lanka (13 enero 2015): *L'Osservatore Romano*, ed. semanal en lengua española (16 enero 2015), p. 3.

[226] *Discurso a los niños del centro Betania y a una representación de asistidos de otros centros caritativos de Albania*, Tirana - Albania (21 septiembre 2014): *L'Osservatore Romano*, ed. semanal en lengua española (26 septiembre 2014), p. 11.

[227] *Videomensaje al TED2017 de Vancouver* (26 abril 2017): *L'Osservatore Romano* (27 abril 2017), p. 7.

244.   Cuando los conflictos no se resuelven sino que se esconden o se entierran en el pasado, hay silencios que pueden significar volverse cómplices de graves errores y pecados. Pero la verdadera reconciliación no escapa del conflicto sino que se logra *en* el conflicto, superándolo a través del diálogo y de la negociación transparente, sincera y paciente. La lucha entre diversos sectores «siempre que se abstenga de enemistades y de odio mutuo, insensiblemente se convierte en una honesta discusión, fundada en el amor a la justicia».[228]

245.   Reiteradas veces propuse «un principio que es indispensable para construir la amistad social: la unidad es superior al conflicto. [...] No es apostar por un sincretismo ni por la absorción de uno en el otro, sino por la resolución en un plano superior que conserva en sí las virtualidades valiosas de las polaridades en pugna».[229] Sabemos bien que «cada vez que las personas y las comunidades aprendemos a apuntar más alto de nosotros mismos y de nuestros intereses particulares, la comprensión y el compromiso mutuo se transforman [...] en un ámbito donde los conflictos, las tensiones e incluso los que se podrían haber considerado opuestos en el pasado, pue-

---

[228] Pío XI, Carta enc. *Quadragesimo anno* (15 mayo 1931), 114: *AAS* 23 (1931), 213.

[229] Exhort. ap. *Evangelii gaudium* (24 noviembre 2013), 228: *AAS* 105 (2013), 1113.

den alcanzar una unidad multiforme que engendra nueva vida».[230]

246.   A quien sufrió mucho de manera injusta y cruel, no se le debe exigir una especie de "perdón social". La reconciliación es un hecho personal, y nadie puede imponerla al conjunto de una sociedad, aun cuando deba promoverla. En el ámbito estrictamente personal, con una decisión libre y generosa, alguien puede renunciar a exigir un castigo (cf. *Mt* 5,44-46), aunque la sociedad y su justicia legítimamente lo busquen. Pero no es posible decretar una "reconciliación general", pretendiendo cerrar por decreto las heridas o cubrir las injusticias con un manto de olvido. ¿Quién se puede arrogar el derecho de perdonar en nombre de los demás? Es conmovedor ver la capacidad de perdón de algunas personas que han sabido ir más allá del daño sufrido, pero también es humano comprender a quienes no pueden hacerlo. En todo caso, lo que jamás se debe proponer es el olvido.

247.   La *Shoah* no debe ser olvidada. Es el «símbolo de hasta dónde puede llegar la maldad del hombre cuando, alimentada por falsas ideologías, se olvida de la dignidad fundamental de la perso-

---

[230] *Discurso a las autoridades, la sociedad civil y el Cuerpo diplomático*, Riga – Letonia (24 septiembre 2018): *L'Osservatore Romano*, ed. semanal en lengua española (28 septiembre 2018), p. 12.

na, que merece respeto absoluto independientemente del pueblo al que pertenezca o la religión que profese».[231] Al recordarla, no puedo menos que repetir esta oración: «Acuérdate de nosotros en tu misericordia. Danos la gracia de avergonzarnos de lo que, como hombres, hemos sido capaces de hacer, de avergonzarnos de esta máxima idolatría, de haber despreciado y destruido nuestra carne, esa carne que tú modelaste del barro, que tú vivificaste con tu aliento de vida. ¡Nunca más, Señor, nunca más!».[232]

248.   No deben olvidarse los bombardeos atómicos a Hiroshima y Nagasaki. Una vez más «hago memoria aquí de todas las víctimas, me inclino ante la fuerza y la dignidad de aquellos que, habiendo sobrevivido a esos primeros momentos, han soportado en sus cuerpos durante muchos años los sufrimientos más agudos y, en sus mentes, los gérmenes de la muerte que seguían consumiendo su energía vital. […] No podemos permitir que las actuales y nuevas generaciones pierdan la memoria de lo acontecido, esa memoria que es garante y estímulo para construir un futuro más justo y más fraterno».[233] Tampoco deben olvidarse las persecuciones, el tráfico de

[231] *Discurso en la Ceremonia de bienvenida*, Tel Aviv – Israel (25 mayo 2014): *L'Osservatore Romano*, ed. semanal en lengua española (30 mayo 2014), p. 10.

[232] *Discurso en el Memorial de Yad Vashem*, Jerusalén (26 mayo 2014): *AAS* 106 (2014), 228; *L'Osservatore Romano*, ed. semanal en lengua española (30 mayo 2014), p. 9.

[233] *Discurso en el Memorial de la Paz*, Hiroshima – Japón (24 noviembre 2019): *L'Osservatore Romano*, ed. semanal en lengua española (29 noviembre 2019), p. 13.

esclavos y las matanzas étnicas que ocurrieron y ocurren en diversos países, y tantos otros hechos históricos que nos avergüenzan de ser humanos. Deben ser recordados siempre, una y otra vez, sin cansarnos ni anestesiarnos.

249. Es fácil hoy caer en la tentación de dar vuelta la página diciendo que ya hace mucho tiempo que sucedió y que hay que mirar hacia adelante. ¡No, por Dios! Nunca se avanza sin memoria, no se evoluciona sin una memoria íntegra y luminosa. Necesitamos mantener «viva la llama de la conciencia colectiva, testificando a las generaciones venideras el horror de lo que sucedió» que «despierta y preserva de esta manera el recuerdo de las víctimas, para que la conciencia humana se fortalezca cada vez más contra todo deseo de dominación y destrucción».[234] Lo necesitan las mismas víctimas —personas, grupos sociales o naciones— para no ceder a la lógica que lleva a justificar las represalias y cualquier tipo de violencia en nombre del enorme mal que han sufrido. Por esto, no me refiero sólo a la memoria de los horrores, sino también al recuerdo de quienes, en medio de un contexto envenenado y corrupto fueron capaces de recuperar la dignidad y con pequeños o grandes gestos optaron por la solidaridad, el perdón, la fraternidad. Es muy sano hacer memoria del bien.

[234] *Mensaje para la 53.ª Jornada Mundial de la Paz 1 enero 2020* (8 diciembre 2019), 2: *L'Osservatore Romano,* ed. semanal en lengua española (13 diciembre 2019), p. 6.

250.   El perdón no implica olvido. Decimos más bien que cuando hay algo que de ninguna manera puede ser negado, relativizado o disimulado, sin embargo, podemos perdonar. Cuando hay algo que jamás debe ser tolerado, justificado o excusado, sin embargo, podemos perdonar. Cuando hay algo que por ninguna razón debemos permitirnos olvidar, sin embargo, podemos perdonar. El perdón libre y sincero es una grandeza que refleja la inmensidad del perdón divino. Si el perdón es gratuito, entonces puede perdonarse aun a quien se resiste al arrepentimiento y es incapaz de pedir perdón.

251.   Los que perdonan de verdad no olvidan, pero renuncian a ser poseídos por esa misma fuerza destructiva que los ha perjudicado. Rompen el círculo vicioso, frenan el avance de las fuerzas de la destrucción. Deciden no seguir inoculando en la sociedad la energía de la venganza que tarde o temprano termina recayendo una vez más sobre ellos mismos. Porque la venganza nunca sacia verdaderamente la insatisfacción de las víctimas. Hay crímenes tan horrendos y crueles, que hacer sufrir a quien los cometió no sirve para sentir que se ha reparado el daño; ni siquiera bastaría matar al criminal, ni se podrían encontrar torturas que se equiparen a lo que pudo haber sufrido la víctima. La venganza no resuelve nada.

252. Tampoco estamos hablando de impunidad. Pero la justicia sólo se busca adecuadamente por amor a la justicia misma, por respeto a las víctimas, para prevenir nuevos crímenes y en orden a preservar el bien común, no como una supuesta descarga de la propia ira. El perdón es precisamente lo que permite buscar la justicia sin caer en el círculo vicioso de la venganza ni en la injusticia del olvido.

253. Cuando hubo injusticias mutuas, cabe reconocer con claridad que pueden no haber tenido la misma gravedad o que no sean comparables. La violencia ejercida desde las estructuras y el poder del Estado no está en el mismo nivel de la violencia de grupos particulares. De todos modos, no se puede pretender que sólo se recuerden los sufrimientos injustos de una sola de las partes. Como enseñaron los Obispos de Croacia, «nosotros debemos a toda víctima inocente el mismo respeto. No puede haber aquí diferencias raciales, confesionales, nacionales o políticas».[235]

254. Pido a Dios «que prepare nuestros corazones al encuentro con los hermanos más allá de las diferencias de ideas, lengua, cultura, religión; que unja todo nuestro ser con el aceite de la misericordia que cura las heridas de los errores, de las incomprensiones, de las controversias; la gra-

---

[235] CONFERENCIA DE OBISPOS DE CROACIA, *Letter on the Fiftieth Anniversary of the End of the Second World War* (1 mayo 1995).

cia de enviarnos, con humildad y mansedumbre, a los caminos, arriesgados pero fecundos, de la búsqueda de la paz».[236]

255.   Hay dos situaciones extremas que pueden llegar a presentarse como soluciones en circunstancias particularmente dramáticas, sin advertir que son falsas respuestas, que no resuelven los problemas que pretenden superar y que en definitiva no hacen más que agregar nuevos factores de destrucción en el tejido de la sociedad nacional y universal. Se trata de la guerra y de la pena de muerte.

La injusticia de la guerra

256.   «En el que trama el mal sólo hay engaño, pero en los que promueven la paz hay alegría» (*Pr* 12,20). Sin embargo hay quienes buscan soluciones en la guerra, que frecuentemente «se nutre de la perversión de las relaciones, de ambiciones hegemónicas, de abusos de poder, del miedo al otro y a la diferencia vista como un obstáculo».[237] La guerra no es un fantasma del pasado, sino que se ha convertido en una amenaza constante. El mundo está encontrando cada

---

[236] *Homilía durante la Santa Misa*, Amán – Jordania (24 mayo 2014): *L'Osservatore Romano*, ed. semanal en lengua española (30 mayo 2014), p. 6.

[237] Cf. *Mensaje para la 53ª. Jornada mundial de la paz 1 enero 2020* (8 diciembre 2019), 1: *L'Osservatore Romano*, ed. semanal en lengua española (13 diciembre 2019), p. 6.

vez más dificultad en el lento camino de la paz que había emprendido y que comenzaba a dar algunos frutos.

257. Puesto que se están creando nuevamente las condiciones para la proliferación de guerras, recuerdo que «la guerra es la negación de todos los derechos y una dramática agresión al ambiente. Si se quiere un verdadero desarrollo humano integral para todos, se debe continuar incansablemente con la tarea de evitar la guerra entre las naciones y los pueblos. Para tal fin hay que asegurar el imperio incontestado del derecho y el infatigable recurso a la negociación, a los buenos oficios y al arbitraje, como propone la *Carta de las Naciones Unidas*, verdadera norma jurídica fundamental».[238] Quiero destacar que los 75 años de las Naciones Unidas y la experiencia de los primeros 20 años de este milenio, muestran que la plena aplicación de las normas internacionales es realmente eficaz, y que su incumplimiento es nocivo. La *Carta de las Naciones Unidas*, respetada y aplicada con transparencia y sinceridad, es un punto de referencia obligatorio de justicia y un cauce de paz. Pero esto supone no disfrazar intenciones espurias ni colocar los intereses particulares de un país o grupo por encima del bien común mundial. Si la norma es considerada un instrumento al que se acude cuando resulta favorable y que se elude cuando no lo es, se desatan fuerzas incontrolables

---

[238] *Discurso a la Organización de las Naciones Unidas*, Nueva York (25 septiembre 2015): *AAS* 107 (2015), 1041.

que hacen un gran daño a las sociedades, a los más débiles, a la fraternidad, al medio ambiente y a los bienes culturales, con pérdidas irrecuperables para la comunidad global.

258.   Así es como fácilmente se opta por la guerra detrás de todo tipo de excusas supuestamente humanitarias, defensivas o preventivas, acudiendo incluso a la manipulación de la información. De hecho, en las últimas décadas todas las guerras han sido pretendidamente "justificadas". El *Catecismo de la Iglesia Católica* habla de la posibilidad de una legítima *defensa* mediante la fuerza militar, que supone demostrar que se den algunas «condiciones rigurosas de legitimidad moral».[239] Pero fácilmente se cae en una interpretación demasiado amplia de este posible derecho. Así se quieren justificar indebidamente aun ataques "preventivos" o acciones bélicas que difícilmente no entrañen «males y desórdenes más graves que el mal que se pretende eliminar».[240] La cuestión es que, a partir del desarrollo de las armas nucleares, químicas y biológicas, y de las enormes y crecientes posibilidades que brindan las nuevas tecnologías, se dio a la guerra un poder destructivo fuera de control que afecta a muchos civiles inocentes. Es verdad que «nunca la humanidad tuvo tanto poder sobre sí misma y nada garantiza que vaya a utilizarlo bien».[241] Entonces ya no podemos pensar en

---

[239] N. 2309.

[240] *Ibíd.*

[241] Carta enc. *Laudato si'* (24 mayo 2015), 104: *AAS* 107 (2015), 888.

la guerra como solución, debido a que los riesgos probablemente siempre serán superiores a la hipotética utilidad que se le atribuya. Ante esta realidad, hoy es muy difícil sostener los criterios racionales madurados en otros siglos para hablar de una posible "guerra justa". ¡Nunca más la guerra![242]

259. Es importante agregar que, con el desarrollo de la globalización, lo que puede aparecer como una solución inmediata o práctica para un lugar de la tierra, desata una cadena de factores violentos muchas veces subterráneos que termina afectando a todo el planeta y abriendo camino a nuevas y peores guerras futuras. En nuestro mundo ya no hay sólo "pedazos" de guerra en un país o en otro, sino que se vive una "guerra mundial a pedazos", porque los destinos de los países están fuertemente conectados entre ellos en el escenario mundial.

260. Como decía san Juan XXIII, «resulta un absurdo sostener que la guerra es un medio apto para resarcir el derecho violado».[243] Lo afirmaba en un período de fuerte tensión internacional, y así expresó el gran anhelo de paz que se difundía en los tiempos de la guerra fría. Reforzó la

---

[242] Aun san Agustín, quien forjó una idea de la "guerra justa" que hoy ya no sostenemos, dijo que «dar muerte a la guerra con la palabra, y alcanzar y conseguir la paz con la paz y no con la guerra, es mayor gloria que darla a los hombres con la espada» (*Epistola* 229, 2: *PL* 33, 1020).

[243] Carta enc. *Pacem in terris* (11 abril 1963), 127: *AAS* 55 (1963), 291.

convicción de que las razones de la paz son más fuertes que todo cálculo de intereses particulares y que toda confianza en el uso de las armas. Pero no se aprovecharon adecuadamente las ocasiones que ofrecía el final de la guerra fría por la falta de una visión de futuro y de una conciencia compartida sobre nuestro destino común. En cambio, se cedió a la búsqueda de intereses particulares sin hacerse cargo del bien común universal. Así volvió a abrirse camino el engañoso espanto de la guerra.

261.   Toda guerra deja al mundo peor que como lo había encontrado. La guerra es un fracaso de la política y de la humanidad, una claudicación vergonzosa, una derrota frente a las fuerzas del mal. No nos quedemos en discusiones teóricas, tomemos contacto con las heridas, toquemos la carne de los perjudicados. Volvamos a contemplar a tantos civiles masacrados como "daños colaterales". Preguntemos a las víctimas. Prestemos atención a los prófugos, a los que sufrieron la radiación atómica o los ataques químicos, a las mujeres que perdieron sus hijos, a los niños mutilados o privados de su infancia. Prestemos atención a la verdad de esas víctimas de la violencia, miremos la realidad desde sus ojos y escuchemos sus relatos con el corazón abierto. Así podremos reconocer el abismo del mal en el corazón de la guerra y no nos perturbará que nos traten de ingenuos por elegir la paz.

262.   Las normas tampoco serán suficientes si se piensa que la solución a los problemas ac-

tuales está en disuadir a otros a través del miedo, amenazando con el uso de armas nucleares, químicas o biológicas. Porque «si se tienen en cuenta las principales amenazas a la paz y a la seguridad con sus múltiples dimensiones en este mundo multipolar del siglo XXI, tales como, por ejemplo, el terrorismo, los conflictos asimétricos, la seguridad informática, los problemas ambientales, la pobreza, surgen no pocas dudas acerca de la inadecuación de la disuasión nuclear para responder eficazmente a estos retos. Estas preocupaciones son aún más consistentes si tenemos en cuenta las catastróficas consecuencias humanitarias y ambientales derivadas de cualquier uso de las armas nucleares con devastadores efectos indiscriminados e incontrolables en el tiempo y el espacio. [...] Debemos preguntarnos cuánto sea sostenible un equilibrio basado en el miedo, cuando en realidad tiende a aumentarlo y a socavar las relaciones de confianza entre los pueblos. La paz y la estabilidad internacional no pueden basarse en una falsa sensación de seguridad, en la amenaza de la destrucción mutua o de la aniquilación total, en el simple mantenimiento de un equilibrio de poder. [...] En este contexto, el objetivo último de la eliminación total de las armas nucleares se convierte tanto en un desafío como en un imperativo moral y humanitario. [...] El aumento de la interdependencia y la globalización comportan que cualquier respuesta que demos a la amenaza de las armas nucleares, deba ser colectiva y concertada, basada en la confianza mutua. Esta última se puede construir sólo a través de un diálogo que esté sinceramente orientado hacia el bien común y no hacia la protección de intereses encubiertos o particulares».[244] Y con el dinero que se usa en armas y otros gastos militares, constituyamos un Fondo mundial,[245] para acabar de una vez con el hambre y para el desarrollo de los países más pobres, de tal modo que sus habitantes no acudan a soluciones violentas o engañosas ni necesiten abandonar sus países para buscar una vida más digna.

La pena de muerte

263.   Hay otra manera de hacer desaparecer al otro, que no se dirige a países sino a personas. Es la pena de muerte. San Juan Pablo II declaró de manera clara y firme que esta es inadecuada en el ámbito moral y ya no es necesaria en el ámbito penal.[246] No es posible pensar en una marcha atrás con respecto a esta postura. Hoy decimos con claridad que «la pena de muerte es inadmisible»[247] y la Iglesia se compromete con

[244] *Mensaje a la Conferencia de la ONU para la negociación de un instrumento jurídicamente vinculante sobre la prohibición de las armas nucleares* (23 marzo 2017): *AAS* 109 (2017), 394-396; *L'Osservatore Romano*, ed. semanal en lengua española (31 marzo 2017), p. 9.

[245] Cf. S. PABLO VI, Carta enc. *Populorum progressio* (26 marzo 1967), 51: *AAS* 59 (1967), 282.

[246] Cf. Carta enc. *Evangelium vitae* (25 marzo 1995), 56: *AAS* 87 (1995), 463-464.

[247] *Discurso con motivo del 25.º aniversario del Catecismo de la Iglesia Católica* (11 octubre 2017): *AAS* 109 (2017), 1196; *L'Osservatore Romano*, ed. semanal en lengua española (13 octubre 2017), p. 1.

determinación para proponer que sea abolida en todo el mundo.[248]

264.   En el Nuevo Testamento, al tiempo que se pide a los particulares no tomar la justicia por cuenta propia (cf. *Rm* 12,17.19), se reconoce la necesidad de que las autoridades impongan penas a los que obran el mal (cf. *Rm* 13,4; *1 P* 2,14). En efecto, «la vida en común, estructurada en torno a comunidades organizadas, necesita normas de convivencia cuya libre violación requiere una respuesta adecuada».[249] Esto implica que la autoridad pública legítima pueda y deba «conminar penas proporcionadas a la gravedad de los delitos»[250] y que se garantice al poder judicial «la independencia necesaria en el ámbito de la ley».[251]

265.   Desde los primeros siglos de la Iglesia, algunos se manifestaron claramente contrarios a la pena capital. Por ejemplo, Lactancio sostenía que «no hay que hacer ninguna distinción: siempre

---

[248] Cf. Congregación para la Doctrina de la Fe, *Carta a los Obispos acerca de la nueva redacción del n. 2267 del Catecismo de la Iglesia Católica sobre la pena de muerte* (1 agosto 2018): *L'Osservatore Romano*, ed. semanal en lengua española (3 agosto 2018), p. 11.

[249] *Discurso a una delegación de la Asociación internacional de Derecho Penal* (23 octubre 2014): *AAS* 106 (2014), 840; *L'Osservatore Romano*, ed. semanal en lengua española (31 octubre 2014), p. 9.

[250] Consejo Pontificio Justicia y Paz, *Compendio de la doctrina social de la Iglesia*, 402.

[251] S. Juan Pablo II, *Discurso a la Asociación Nacional Italiana de Magistrados* (31 marzo 2000), 4: *AAS* 92 (2000), 633; *L'Osservatore Romano*, ed. semanal en lengua española (7 abril 2000), p. 9.

será crimen matar a un hombre».[252] El Papa Nicolás I exhortaba: «Esfuércense por liberar de la pena de muerte no sólo a cada uno de los inocentes, sino también a todos los culpables».[253] Con ocasión del juicio contra unos homicidas que habían asesinado a dos sacerdotes, san Agustín pedía al juez que no quitara la vida a los asesinos, y lo fundamentaba de esta manera: «Con esto no impedimos que se reprima la licencia criminal de esos malhechores. Queremos que se conserven vivos y con todos sus miembros; que sea suficiente dirigirlos, por la presión de las leyes, de su loca inquietud al reposo de la salud, o bien que se les ocupe en alguna tarea útil, una vez apartados de sus perversas acciones. También esto se llama condena, pero todos entenderán que se trata de un beneficio más bien que de un suplicio, al ver que no se suelta la rienda a su audacia para dañar ni se les impide la medicina del arrepentimiento. [...] Encolerízate contra la iniquidad de modo que no te olvides de la humanidad. No satisfagas contra las atrocidades de los pecadores un apetito de venganza, sino más bien haz intención de curar las llagas de esos pecadores».[254]

266. Los miedos y los rencores fácilmente llevan a entender las penas de una manera vindicativa, cuando no cruel, en lugar de entenderlas

---

[252] *Divinae Institutiones* 6, 20, 17: *PL* 6, 708.

[253] *Epistola* 97 (responsa ad consulta bulgarorum), 25: *PL* 119, 991.

[254] *Epistola ad Marcellinum* 133, 1.2: *PL* 33, 509.

como parte de un proceso de sanación y de reinserción en la sociedad. Hoy, «tanto por parte de algunos sectores de la política como por parte de algunos medios de comunicación, se incita algunas veces a la violencia y a la venganza, pública y privada, no sólo contra quienes son responsables de haber cometido delitos, sino también contra quienes cae la sospecha, fundada o no, de no haber cumplido la ley. [...] Existe la tendencia a construir deliberadamente enemigos: figuras estereotipadas, que concentran en sí mismas todas las características que la sociedad percibe o interpreta como peligrosas. Los mecanismos de formación de estas imágenes son los mismos que, en su momento, permitieron la expansión de las ideas racistas».[255] Esto ha vuelto particularmente riesgosa la costumbre creciente que existe en algunos países de acudir a prisiones preventivas, a reclusiones sin juicio y especialmente a la pena de muerte.

267.   Quiero remarcar que «es imposible imaginar que hoy los Estados no puedan disponer de otro medio que no sea la pena capital para defender la vida de otras personas del agresor injusto». Particular gravedad tienen las así llamadas ejecuciones extrajudiciales o extralegales, que «son homicidios deliberados cometidos por al-

---

[255] *Discurso a una delegación de la Asociación internacional de Derecho Penal* (23 octubre 2014): *AAS* 106 (2014), 840-841; *L'Osservatore Romano*, ed. semanal en lengua española (31 octubre 2014), p. 9.

gunos Estados o por sus agentes, que a menudo se hacen pasar como enfrentamientos con delincuentes o son presentados como consecuencias no deseadas del uso razonable, necesario y proporcional de la fuerza para hacer aplicar la ley».[256]

268.   «Los argumentos contrarios a la pena de muerte son muchos y bien conocidos. La Iglesia ha oportunamente destacado algunos de ellos, como la posibilidad de la existencia del error judicial y el uso que hacen de ello los regímenes totalitarios y dictatoriales, que la utilizan como instrumento de supresión de la disidencia política o de persecución de las minorías religiosas y culturales, todas víctimas que para sus respectivas legislaciones son "delincuentes". Todos los cristianos y los hombres de buena voluntad están llamados, por lo tanto, a luchar no sólo por la abolición de la pena de muerte, legal o ilegal que sea, y en todas sus formas, sino también con el fin de mejorar las condiciones carcelarias, en el respeto de la dignidad humana de las personas privadas de libertad. Y esto yo lo relaciono con la cadena perpetua. [...] La cadena perpetua es una pena de muerte oculta».[257]

269.   Recordemos que «ni siquiera el homicida pierde su dignidad personal y Dios mismo se hace su garante».[258] El firme rechazo de la pena

---

[256] *Ibíd.*, 842.

[257] *Ibíd.*

[258] S. JUAN PABLO II, Carta enc. *Evangelium vitae* (25 marzo 1995), 9: *AAS* 87 (1995), 411.

de muerte muestra hasta qué punto es posible reconocer la inalienable dignidad de todo ser humano y aceptar que tenga un lugar en este universo. Ya que, si no se lo niego al peor de los criminales, no se lo negaré a nadie, daré a todos la posibilidad de compartir conmigo este planeta a pesar de lo que pueda separarnos.

270.   A los cristianos que dudan y se sienten tentados a ceder ante cualquier forma de violencia, los invito a recordar aquel anuncio del libro de Isaías: «Con sus espadas forjarán arados» (2,4). Para nosotros esa profecía toma carne en Jesucristo, que frente a un discípulo cebado por la violencia dijo con firmeza: «¡Vuelve tu espada a su lugar!, pues todos los que empuñan espada, a espada morirán» (*Mt* 26,52). Era un eco de aquella antigua advertencia: «Pediré cuentas al ser humano por la vida de su hermano. Quien derrame sangre humana, su sangre será derramada por otro ser humano» (*Gn* 9,5-6). Esta reacción de Jesús, que le brotó del corazón, supera la distancia de los siglos y llega hasta hoy como un constante reclamo.

CAPÍTULO OCTAVO

LAS RELIGIONES AL SERVICIO DE LA FRATERNIDAD EN EL MUNDO

271.   Las distintas religiones, a partir de la valoración de cada persona humana como criatura llamada a ser hijo o hija de Dios, ofrecen un aporte valioso para la construcción de la fraternidad y para la defensa de la justicia en la sociedad. El diálogo entre personas de distintas religiones no se hace meramente por diplomacia, amabilidad o tolerancia. Como enseñaron los Obispos de India, «el objetivo del diálogo es establecer amistad, paz, armonía y compartir valores y experiencias morales y espirituales en un espíritu de verdad y amor».[259]

El fundamento último

272.   Los creyentes pensamos que, sin una apertura al Padre de todos, no habrá razones sólidas y estables para el llamado a la fraternidad. Estamos convencidos de que «sólo con esta conciencia de hijos que no son huérfanos podemos vivir en paz entre nosotros».[260] Porque «la razón, por sí sola,

---

[259] CONFERENCIA DE OBISPOS CATÓLICOS DE INDIA, *Response of the church in India to the present day challenges* (9 marzo 2016).

[260] *Homilía durante la Santa Misa*, Domus Sanctae Marthae (17 mayo 2020).

es capaz de aceptar la igualdad entre los hombres y de establecer una convivencia cívica entre ellos, pero no consigue fundar la hermandad».[261]

273. En esta línea, quiero recordar un texto memorable: «Si no existe una verdad trascendente, con cuya obediencia el hombre conquista su plena identidad, tampoco existe ningún principio seguro que garantice relaciones justas entre los hombres: los intereses de clase, grupo o nación, los contraponen inevitablemente unos a otros. Si no se reconoce la verdad trascendente, triunfa la fuerza del poder, y cada uno tiende a utilizar hasta el extremo los medios de que dispone para imponer su propio interés o la propia opinión, sin respetar los derechos de los demás. [...] La raíz del totalitarismo moderno hay que verla, por tanto, en la negación de la dignidad trascendente de la persona humana, imagen visible de Dios invisible y, precisamente por esto, sujeto natural de derechos que nadie puede violar: ni el individuo, el grupo, la clase social, ni la nación o el Estado. No puede hacerlo tampoco la mayoría de un cuerpo social, poniéndose en contra de la minoría».[262]

274. Desde nuestra experiencia de fe y desde la sabiduría que ha ido amasándose a lo largo de los

---

[261] BENEDICTO XVI, Carta enc. *Caritas in veritate* (29 junio 2009), 19: *AAS* 101 (2009), 655.
[262] S. JUAN PABLO II, Carta enc. *Centesimus annus* (1 mayo 1991), 44: *AAS* 83 (1991), 849.

siglos, aprendiendo también de nuestras muchas debilidades y caídas, los creyentes de las distintas religiones sabemos que hacer presente a Dios es un bien para nuestras sociedades. Buscar a Dios con corazón sincero, siempre que no lo empañemos con nuestros intereses ideológicos o instrumentales, nos ayuda a reconocernos compañeros de camino, verdaderamente hermanos. Creemos que «cuando, en nombre de una ideología, se quiere expulsar a Dios de la sociedad, se acaba por adorar ídolos, y enseguida el hombre se pierde, su dignidad es pisoteada, sus derechos violados. Ustedes saben bien a qué atrocidades puede conducir la privación de la libertad de conciencia y de la libertad religiosa, y cómo esa herida deja a la humanidad radicalmente empobrecida, privada de esperanza y de ideales».[263]

275.   Cabe reconocer que «entre las causas más importantes de la crisis del mundo moderno están una conciencia humana anestesiada y un alejamiento de los valores religiosos, además del predominio del individualismo y de las filosofías materialistas que divinizan al hombre y ponen los valores mundanos y materiales en el lugar de los principios supremos y trascendentes».[264] No

---

[263] *Discurso a los líderes de otras religiones y otras denominaciones cristianas*, Tirana – Albania (21 septiembre 2014): *L'Osservatore Romano*, ed. semanal en lengua española (26 septiembre 2014), p. 9.

[264] *Documento sobre la fraternidad humana por la paz mundial y la convivencia común*, Abu Dabi (4 febrero 2019): *L'Osservatore Romano*, ed. semanal en lengua española (8 febrero 2019), p. 7.

puede admitirse que en el debate público sólo tengan voz los poderosos y los científicos. Debe haber un lugar para la reflexión que procede de un trasfondo religioso que recoge siglos de experiencia y de sabiduría. «Los textos religiosos clásicos pueden ofrecer un significado para todas las épocas, tienen una fuerza motivadora», pero de hecho «son despreciados por la cortedad de vista de los racionalismos».[265]

276.	Por estas razones, si bien la Iglesia respeta la autonomía de la política, no relega su propia misión al ámbito de lo privado. Al contrario, no «puede ni debe quedarse al margen» en la construcción de un mundo mejor ni dejar de «despertar las fuerzas espirituales»[266] que fecunden toda la vida en sociedad. Es verdad que los ministros religiosos no deben hacer política partidaria, propia de los laicos, pero ni siquiera ellos pueden renunciar a la dimensión política de la existencia[267] que implica una constante atención al bien común y la preocupación por el desarrollo humano integral. La Iglesia «tiene un papel público que no se agota en sus actividades de asistencia y educación» sino que procura «la promoción del hombre y la fraternidad universal».[268] No pre-

---

[265] Exhort. ap. *Evangelii gaudium* (24 noviembre 2013), 256: *AAS* 105 (2013), 1123.

[266] BENEDICTO XVI, Carta enc. *Deus caritas est* (25 diciembre 2005), 28: *AAS* 98 (2006), 240.

[267] «El ser humano es un animal político» (ARISTÓTELES, *Política*, 1253a 1-3).

[268] BENEDICTO XVI, Carta enc. *Caritas in veritate* (29 junio 2009), 11: *AAS* 101 (2009), 648.

tende disputar poderes terrenos, sino ofrecerse como «un hogar entre los hogares —esto es la Iglesia—, abierto […] para testimoniar al mundo actual la fe, la esperanza y el amor al Señor y a aquellos que Él ama con predilección. Una casa de puertas abiertas. La Iglesia es una casa con las puertas abiertas, porque es madre».[269] Y como María, la Madre de Jesús, «queremos ser una Iglesia que sirve, que sale de casa, que sale de sus templos, que sale de sus sacristías, para acompañar la vida, sostener la esperanza, ser signo de unidad […] para tender puentes, romper muros, sembrar reconciliación».[270]

La identidad cristiana

277. La Iglesia valora la acción de Dios en las demás religiones, y «no rechaza nada de lo que en estas religiones hay de santo y verdadero. Considera con sincero respeto los modos de obrar y de vivir, los preceptos y doctrinas que […] no pocas veces reflejan un destello de aquella Verdad que ilumina a todos los hombres».[271] Pero los cristianos no podemos esconder que «si la música del Evangelio deja de vibrar en nuestras entrañas, habremos perdido la alegría que brota de la compasión, la ternura que nace de la confianza,

---

[269] *Discurso a la Comunidad católica*, Rakovski – Bulgaria (6 mayo 2019): *L'Osservatore Romano*, ed. semanal en lengua española (10 mayo 2019), p. 9.

[270] *Homilía durante la Santa Misa*, Santiago de Cuba (22 septiembre 2015): *AAS* 107 (2015), 1005.

[271] Conc. Ecum. Vat. II, Declaración *Nostra aetate*, sobre las relaciones de la Iglesia con las religiones no cristianas, 2.

la capacidad de reconciliación que encuentra su fuente en sabernos siempre perdonados-enviados. Si la música del Evangelio deja de sonar en nuestras casas, en nuestras plazas, en los trabajos, en la política y en la economía, habremos apagado la melodía que nos desafiaba a luchar por la dignidad de todo hombre y mujer».[272] Otros beben de otras fuentes. Para nosotros, ese manantial de dignidad humana y de fraternidad está en el Evangelio de Jesucristo. De él surge «para el pensamiento cristiano y para la acción de la Iglesia el primado que se da a la relación, al encuentro con el misterio sagrado del otro, a la comunión universal con la humanidad entera como vocación de todos».[273]

278.   Llamada a encarnarse en todos los rincones, y presente durante siglos en cada lugar de la tierra —eso significa "católica"— la Iglesia puede comprender desde su experiencia de gracia y de pecado, la belleza de la invitación al amor universal. Porque «todo lo que es humano tiene que ver con nosotros. [...] Dondequiera que se reúnen los pueblos para establecer los derechos y deberes del hombre, nos sentimos honrados cuando nos permiten sentarnos junto a ellos».[274]

---

[272] *Discurso en el encuentro ecuménico*, Riga – Letonia (24 septiembre 2018): *L'Osservatore Romano,* ed. semanal en lengua española (28 septiembre 2018), p. 13.

[273] *Lectio divina en la Pontificia Universidad Lateranense* (26 marzo 2019): *L'Osservatore Romano* (27 marzo 2019), p. 10.

[274] S. Pablo VI, Carta enc. *Ecclesiam suam* (6 agosto 1964), 44: *AAS* 56 (1964), 650.

Para muchos cristianos, este camino de fraternidad tiene también una Madre, llamada María. Ella recibió ante la Cruz esta maternidad universal (cf. *Jn* 19,26) y está atenta no sólo a Jesús sino también «al resto de sus descendientes» (*Ap* 12,17). Ella, con el poder del Resucitado, quiere parir un mundo nuevo, donde todos seamos hermanos, donde haya lugar para cada descartado de nuestras sociedades, donde resplandezcan la justicia y la paz.

279.   Los cristianos pedimos que, en los países donde somos minoría, se nos garantice la libertad, así como nosotros la favorecemos para quienes no son cristianos allí donde ellos son minoría. Hay un derecho humano fundamental que no debe ser olvidado en el camino de la fraternidad y de la paz; el de la libertad religiosa para los creyentes de todas las religiones. Esa libertad proclama que podemos «encontrar un buen acuerdo entre culturas y religiones diferentes; atestigua que las cosas que tenemos en común son tantas y tan importantes que es posible encontrar un modo de convivencia serena, ordenada y pacífica, acogiendo las diferencias y con la alegría de ser hermanos en cuanto hijos de un único Dios».[275]

280.   Al mismo tiempo, pedimos a Dios que afiance la unidad dentro de la Iglesia, unidad que

[275] *Discurso a las autoridades*, Belén – Palestina (25 mayo 2014): *L'Osservatore Romano*, ed. semanal en lengua española (30 mayo 2014), p. 7.

se enriquece con diferencias que se reconcilian por la acción del Espíritu Santo. Porque «fuimos bautizados en un mismo Espíritu para formar un solo cuerpo» (*1 Co* 12,13) donde cada uno hace su aporte distintivo. Como decía san Agustín: «El oído ve a través del ojo, y el ojo escucha a través del oído».[276] También urge seguir dando testimonio de un camino de encuentro entre las distintas confesiones cristianas. No podemos olvidar aquel deseo que expresó Jesucristo: «Que todos sean uno» (*Jn* 17,21). Escuchando su llamado reconocemos con dolor que al proceso de globalización le falta todavía la contribución profética y espiritual de la unidad entre todos los cristianos. No obstante, «mientras nos encontramos aún en camino hacia la plena comunión, tenemos ya el deber de dar testimonio común del amor de Dios a su pueblo colaborando en nuestro servicio a la humanidad».[277]

Religión y violencia

281. Entre las religiones es posible un camino de paz. El punto de partida debe ser la mirada de Dios. Porque «Dios no mira con los ojos, Dios mira con el corazón. Y el amor de Dios es el mismo para cada persona sea de la religión que sea. Y si es ateo es el mismo amor. Cuando llegue el

[276] *Enarrationes in Psalmos*, 130, 6: *PL* 37, 1707.
[277] *Declaración conjunta del Santo Padre Francisco y del Patriarca Ecuménico Bartolomé I*, Jerusalén (25 mayo 2014), 5: *L'Osservatore Romano*, ed. semanal en lengua española (30 mayo 2014), p. 12.

192

último día y exista la luz suficiente sobre la tierra para poder ver las cosas como son, ¡nos vamos a llevar cada sorpresa!».[278]

282. También «los creyentes necesitamos encontrar espacios para conversar y para actuar juntos por el bien común y la promoción de los más pobres. No se trata de que todos seamos más *light* o de que escondamos las convicciones propias que nos apasionan para poder encontrarnos con otros que piensan distinto. [...] Porque mientras más profunda, sólida y rica es una identidad, más tendrá para enriquecer a los otros con su aporte específico».[279] Los creyentes nos vemos desafiados a volver a nuestras fuentes para concentrarnos en lo esencial: la adoración a Dios y el amor al prójimo, de manera que algunos aspectos de nuestras doctrinas, fuera de su contexto, no terminen alimentando formas de desprecio, odio, xenofobia, negación del otro. La verdad es que la violencia no encuentra fundamento en las convicciones religiosas fundamentales sino en sus deformaciones.

283. El culto a Dios sincero y humilde «no lleva a la discriminación, al odio y la violencia, sino al respeto de la sacralidad de la vida, al respeto de la dignidad y la libertad de los demás, y al

---

[278] Del film *El Papa Francisco – Un hombre de palabra. La esperanza es un mensaje universal*, de Wim Wenders (2018).

[279] Exhort. ap. postsin. *Querida Amazonia* (2 febrero 2020), 106.

compromiso amoroso por todos».[280] En realidad «el que no ama no conoce a Dios, porque Dios es amor» (*1 Jn* 4,8). Por ello «el terrorismo execrable que amenaza la seguridad de las personas, tanto en Oriente como en Occidente, tanto en el Norte como en el Sur, propagando el pánico, el terror y el pesimismo no es a causa de la religión —aun cuando los terroristas la utilizan—, sino de las interpretaciones equivocadas de los textos religiosos, políticas de hambre, pobreza, injusticia, opresión, arrogancia; por esto es necesario interrumpir el apoyo a los movimientos terroristas a través del suministro de dinero, armas, planes o justificaciones y también la cobertura de los medios, y considerar esto como crímenes internacionales que amenazan la seguridad y la paz mundiales. Tal terrorismo debe ser condenado en todas sus formas y manifestaciones».[281] Las convicciones religiosas sobre el sentido sagrado de la vida humana nos permiten «reconocer los valores fundamentales de nuestra humanidad común, los valores en virtud de los que podemos y debemos colaborar, construir y dialogar, perdonar y crecer, permitiendo que el conjunto de las voces forme un noble y armónico canto, en vez del griterío fanático del odio».[282]

---

[280] *Homilía durante la Santa Misa*, Colombo – Sri Lanka (14 enero 2015): *AAS* 107 (2015), 139; *L'Osservatore Romano*, ed. semanal en lengua española (16 enero 2015), p. 5.

[281] *Documento sobre la fraternidad humana por la paz mundial y la convivencia común*, Abu Dabi (4 febrero 2019): *L'Osservatore Romano*, ed. semanal en lengua española (8 febrero 2019), p. 10.

[282] *Discurso a las autoridades*, Sarajevo – Bosnia-Herzegovina (6 junio 2015): *L'Osservatore Romano*, ed. semanal en lengua española (12 junio 2015), p. 5.

284.   A veces la violencia fundamentalista, en algunos grupos de cualquier religión, es desatada por la imprudencia de sus líderes. Pero «el mandamiento de la paz está inscrito en lo profundo de las tradiciones religiosas que representamos. […] Los *líderes* religiosos estamos llamados a ser auténticos "dialogantes", a trabajar en la construcción de la paz no como intermediarios, sino como auténticos mediadores. Los intermediarios buscan agradar a todas las partes, con el fin de obtener una ganancia para ellos mismos. El mediador, en cambio, es quien no se guarda nada para sí mismo, sino que se entrega generosamente, hasta consumirse, sabiendo que la única ganancia es la de la paz. Cada uno de nosotros está llamado a ser un artesano de la paz, uniendo y no dividiendo, extinguiendo el odio y no conservándolo, abriendo las sendas del diálogo y no levantando nuevos muros».[283]

Llamamiento

285.   En aquel encuentro fraterno que recuerdo gozosamente, con el Gran Imán Ahmad Al-Tayyeb «declaramos —firmemente— que las religiones no incitan nunca a la guerra y no instan a sentimientos de odio, hostilidad, extremismo, ni invitan a la violencia o al derramamiento de sangre. Estas desgracias son fruto de la desviación

---

[283] *Discurso en el Encuentro Internacional por la Paz organizado por la Comunidad de San Egidio* (30 septiembre 2013): *L'Osservatore Romano*, ed. semanal en lengua española (4 octubre 2013), p. 3.

de las enseñanzas religiosas, del uso político de las religiones y también de las interpretaciones de grupos religiosos que han abusado —en algunas fases de la historia— de la influencia del sentimiento religioso en los corazones de los hombres. […] En efecto, Dios, el Omnipotente, no necesita ser defendido por nadie y no desea que su nombre sea usado para aterrorizar a la gente».[284] Por ello quiero retomar aquí el llamamiento de paz, justicia y fraternidad que hicimos juntos:

«En el nombre de Dios que ha creado todos los seres humanos iguales en los derechos, en los deberes y en la dignidad, y los ha llamado a convivir como hermanos entre ellos, para poblar la tierra y difundir en ella los valores del bien, la caridad y la paz.

En el nombre de la inocente alma humana que Dios ha prohibido matar, afirmando que quien mata a una persona es como si hubiese matado a toda la humanidad y quien salva a una es como si hubiese salvado a la humanidad entera.

En el nombre de los pobres, de los desdichados, de los necesitados y de los marginados que Dios ha ordenado socorrer como un deber requerido a todos los hombres y en modo particular a cada hombre acaudalado y acomodado.

[284] *Documento sobre la fraternidad humana por la paz mundial y la convivencia común*, Abu Dabi (4 febrero 2019): *L'Osservatore Romano*, ed. semanal en lengua española (8 febrero 2019), p. 10.

En el nombre de los huérfanos, de las viudas, de los refugiados y de los exiliados de sus casas y de sus pueblos; de todas las víctimas de las guerras, las persecuciones y las injusticias; de los débiles, de cuantos viven en el miedo, de los prisioneros de guerra y de los torturados en cualquier parte del mundo, sin distinción alguna.

En el nombre de los pueblos que han perdido la seguridad, la paz y la convivencia común, siendo víctimas de la destrucción, de la ruina y de las guerras.

En nombre de la *fraternidad humana* que abraza a todos los hombres, los une y los hace iguales.

En el nombre de esta *fraternidad* golpeada por las políticas de integrismo y división y por los sistemas de ganancia insaciable y las tendencias ideológicas odiosas, que manipulan las acciones y los destinos de los hombres.

En el nombre de la libertad, que Dios ha dado a todos los seres humanos, creándolos libres y distinguiéndolos con ella.

En el nombre de la justicia y de la misericordia, fundamentos de la prosperidad y quicios de la fe.

En el nombre de todas las personas de buena voluntad, presentes en cada rincón de la tierra.

En el nombre de Dios y de todo esto […] "asumimos" la cultura del diálogo como camino; la colaboración común como conducta; el conocimiento recíproco como método y criterio».[285]

---

[285] *Ibíd.*

* * *

286.   En este espacio de reflexión sobre la fraternidad universal, me sentí motivado especialmente por san Francisco de Asís, y también por otros hermanos que no son católicos: Martin Luther King, Desmond Tutu, el Mahatma Mohandas Gandhi y muchos más. Pero quiero terminar recordando a otra persona de profunda fe, quien, desde su intensa experiencia de Dios, hizo un camino de transformación hasta sentirse hermano de todos. Se trata del beato Carlos de Foucauld.

287.   Él fue orientando su sueño de una entrega total a Dios hacia una identificación con los últimos, abandonados en lo profundo del desierto africano. En ese contexto expresaba sus deseos de sentir a cualquier ser humano como un hermano,[286] y pedía a un amigo: «Ruegue a Dios para que yo sea realmente el hermano de todos».[287] Quería ser, en definitiva, «el hermano universal».[288] Pero sólo identificándose con los últimos llegó a ser hermano de todos. Que Dios inspire ese sueño en cada uno de nosotros. Amén.

[286] Cf. B. Carlos de Foucauld, *Meditación sobre el Padrenuestro* (23 enero 1897).

[287] Íd., *Carta a Henry de Castries* (29 noviembre 1901).

[288] Íd., *Carta a Madame de Bondy* (7 enero 1902). Así le llamaba también san Pablo VI, elogiando su compromiso: Carta enc. *Populorum progressio* (26 marzo 1967), 12: *AAS* 59 (1967), 263.

Oración al Creador

Señor y Padre de la humanidad,
que creaste a todos los seres humanos
con la misma dignidad,
infunde en nuestros corazones
un espíritu fraternal.
Inspíranos un sueño de reencuentro,
de diálogo, de justicia y de paz.
Impúlsanos a crear sociedades más sanas
y un mundo más digno,
sin hambre, sin pobreza,
sin violencia, sin guerras.

Que nuestro corazón se abra
a todos los pueblos y naciones de la tierra,
para reconocer el bien y la belleza
que sembraste en cada uno,
para estrechar lazos de unidad,
de proyectos comunes,
de esperanzas compartidas. Amén.

Oración cristiana ecuménica

Dios nuestro, Trinidad de amor,
desde la fuerza comunitaria
de tu intimidad divina
derrama en nosotros
el río del amor fraterno.
Danos ese amor que se reflejaba
en los gestos de Jesús,
en su familia de Nazaret y
en la primera comunidad cristiana.

Concede a los cristianos
que vivamos el Evangelio
y podamos reconocer a Cristo
en cada ser humano,
para verlo crucificado en las angustias
de los abandonados y olvidados de este mundo
y resucitado en cada hermano que se levanta.

Ven, Espíritu Santo,
muéstranos tu hermosura
reflejada en todos los pueblos de la tierra,
para descubrir que todos son importantes,
que todos son necesarios,
que son rostros diferentes
de la misma humanidad que amas. Amén.

Dado en Asís, junto a la tumba de san Francisco, el 3 de octubre del año 2020, víspera de la Fiesta del "Poverello", octavo de mi Pontificado.

Franciscus

ÍNDICE

Capítulo tercero

PENSAR Y GESTAR
UN MUNDO ABIERTO [87]

202

204

9 788882 660550